版权声明

First published in 2017 by Jessica Kingsley Publishers.
Copyright © Tania Swift 2017.

All rights reserved. No part of this publication may be reproduced in any material form (including photocopying, storing in any medium by electronic means or transmitting) without the written permission of the copyright owner except in accordance with the provisions of the law or under terms of a licence issued in the UK by the Copyright Licensing Agency Ltd. or in overseas territories by the relevant reproduction rights organisation. Applications for the copyright owner's written permission to reproduce any part of this publication should be addressed to the publisher.

保留所有权利。非经中国轻工业出版社"万千教育"书面授权，任何人不得以任何方式（包括但不限于电子、机械、手工或其他尚未被发明或应用的技术手段）复印、拍照、扫描、录音、朗读、存储、发表本书中任何部分或本书全部内容（包括但不限于光盘、音频、视频等）。中国轻工业出版社"万千教育"未授权任何机构提供源自本书内容的电子文件阅览、收听或下载服务。如有此类非法行为，查实必究。

Learning through Movement and Active Play in the Early Years
A Practical Resource for Professionals and Teachers

怎样让孩子动起来
支持幼儿在运动和游戏中学习

［英］塔妮娅·斯威夫特（Tania Swift）／著

张 莹／译

中国轻工业出版社

图书在版编目（CIP）数据

怎样让孩子动起来：支持幼儿在运动和游戏中学习 /（英）塔妮娅·斯威夫特（Tania Swift）著；张莹译. -- 北京：中国轻工业出版社，2025.5. -- ISBN 978-7-5184-5474-7

Ⅰ. G613.7

中国国家版本馆CIP数据核字第20259TP856号

责任编辑：牟　聪　　　　　　　责任终审：吴　红
文字编辑：徐烨佳　　　　　　　责任校对：刘志颖
策划编辑：高　君　张天怡　　　责任监印：吴维斌

出版发行：中国轻工业出版社（北京鲁谷东街5号，邮编：100040）

印　　刷：三河市鑫金马印装有限公司

经　　销：各地新华书店

版　　次：2025年5月第1版第1次印刷

开　　本：710×1000　1/16　印张：13.75

字　　数：190千字

书　　号：ISBN 978-7-5184-5474-7　定价：58.00元

读者热线：010-65181109

发行电话：010-85119832　　010-85119912

网　　址：http://www.chlip.com.cn　http://www.wqedu.com

电子信箱：1012305542@qq.com

版权所有　侵权必究

如发现图书残缺请拨打读者热线联系调换

242335Y1X101ZYW

译者序

在儿童的早期成长阶段,教育不仅仅是知识的传授,更是心灵的启迪和潜能的挖掘。《怎样让孩子动起来——支持幼儿在运动和游戏中学习》(*Learning through Movement and Active Play in the Early Years: A Practical Resource for Professionals and Teachers*)一书,正是基于这样的早期教育理念,深入探讨了运动与游戏在儿童发展中的独特价值。

在孩子们的世界里,运动与游戏是他们探索未知、感知世界的神奇方式。在儿童的早期成长过程中,运动与游戏不仅是他们日常活动的重要组成部分,也是他们认知世界、发展各项技能的重要途径。这本书,就像一把魔法钥匙,引领我们走进这个充满无限可能的世界,在儿童早期学习中挖掘运动与游戏的无尽宝藏。随着我们逐渐意识到运动与游戏对儿童的价值,它们越来越受重视。可是对于它们如何具体地引发儿童在语言、数学、艺术和思维等多方面的学习,如何充分地发挥它们在个体成长过程中的教育价值,如何在实践中系统地实施它们,我们却知之甚少。在现实中,教师也认识到运动与游戏对儿童而言,不仅具有改善体质、发展动作和增强体能的功能,还具有促进其全面发展的价值,但是在运动与游戏的具体实施过程中,他们往往缺乏相应的思路与抓手。本书不仅从理论上阐明了运动与游戏为何是早期学习的最佳途径和方式,更从操作与方法层面提出了有效的方案，故而，它不仅仅是一本关于运动与游戏的书，更是一本指导我们如何帮助孩子们在运动与游戏中成长的实用指南。

在翻译的过程中，我仿佛踏上了一段充满惊喜的旅程。本书中的内容充满了早期教育的智慧。每一章都让我对运动与游戏有了更深的认识，也让我更加坚信，它们确实是孩子们成长道路上不可或缺的伙伴。从第一章开始，我们就清晰地了解到运动与游戏在儿童发展中具有不可替代的价值，认识到它们是如何塑造孩子们的身心、激发他们的潜能的。运动与游戏不仅仅是消遣方式，更是儿童全面发展的基石。在接下来的章节中，作者详细阐明了从身体发展到数学与计算能力，从语言读写技能到社会情感发展，从对世界的好奇探索到创意火花的激发，运动与游戏都在其中扮演着重要的角色。特别值得一提的是，本书不仅强调了运动与游戏在认知和技能发展方面的作用，还深入探讨了它们对儿童精神、道德、社会和文化发展的深远影响。通过运动与游戏，孩子们可以学会合作、分享、尊重他人，培养自信心和责任感。这些品质将伴随他们一生，成为他们未来成功的基石。

另外，我特别欣赏本书中对设计思维、创意发展，以及冒险和冒险性游戏的探讨，它让我们了解到如何培养孩子们的探索思维及其在挑战与探索中的勇气和智慧。这也让我们明白，培养孩子们的思维方法和创意潜能是激发他们科学思维的基础，而给予孩子们适当的自由和挑战，是帮助他们成长的重要方式。同时，本书也强调了自主学习和支持性环境的重要性，提醒我们在早期教育阶段为孩子们创造一个充满爱、尊重和支持的学习环境，鼓励他们主动探索、自主学习。在最后一章，作者以身体活动创意为结尾，在给予一些实践案例的同时，激励我们连接生活、连接文化并进行创新，为孩子们提供更加多元化的运动与游戏体验。

在翻译这部作品的过程中，我始终秉持着尊重儿童、理解儿童、引导儿童的早期教育理念。我深知，儿童是学习的主体，他们通过运动与游戏来感知世界、认识自我、发展能力。因此，在翻译时，我尽力保留原作的精髓，同时结合我国早期教育的实际情况，进行了适当的调整和补充，使内容更加贴近我国读者的需求和背景。作为译者，我深感荣幸能够将这本宝贵的图书介绍给我国的读者。我相信，这本书将成为幼儿园教师和家长们的得力助手，帮助他们在日常教育中更好地利用运动与游戏等宝贵资源，促进孩子们的全面发展。

总之，《怎样让孩子动起来——支持幼儿在运动和游戏中学习》是一部充满早期教育智慧的作品。我相信，这本书的翻译和传播，将使我国更多的读者了解到运动与游戏在儿童早期学习中的重要作用，共同探索出更多适合我国儿童的早期教育方法。让我们携手努力，为孩子们的成长和发展贡献自己的智慧和力量。最后，我要感谢原作者为儿童早期教育领域做出的杰出贡献，感谢中国轻工业出版社"万千教育"编辑部高君老师的真情推荐，正是因为她的大力推荐，才让我们有机会结识了这本书。希望这本书能够在我国落地生根，助力更多孩子快乐成长。

张莹

写于杭州

2024 年 12 月 28 日

前言

几年前，我在为教师们开设培训课程，正滔滔不绝地讲述着孩子们通过折纸和玩东南西北风游戏能学到的东西——数学（形状和数字）、语言（写在纸上的词语）、沟通技巧（结对游戏时的交流）和身体发展（那些用作"惩罚"的身体动作）……当我正说个不停时，我的脑海里突然闪过一个念头：我不是在传授什么新思想，而是在重温那些代代相传的做法。在我还是孩子的时候，我经常在户外玩耍，每天不是玩折纸游戏，就是爬树，或者骑着自行车满街跑（我来自南非，相较于其他地区，那里的阳光更充足，户外活动更加丰富多彩）。

其实，无论身处哪个国家，遵循着怎样的教育大纲，面对着当地的何种气候，接受着哪种文化的熏陶，年幼的孩子们每天都应该有足够的时间去运动和探索。运动是生命的重要组成部分，它不仅有助于人们保持身体健康，还能促进心理健康，更能创造通过亲身体验、尝试和探索进行多方面学习的机会。

然而，当今的孩子们待在室内的时间越来越长，不是盯着屏幕，就是坐在车里，离自然的生活方式越来越远。与此同时，很多国家的政府和决策者越来越看重孩子们的学业成绩，减少了对其身体发展和活动的关注，以至于现在我们还需要提供理由和研究数据来证明经过数百年检验且行之有效的做法。

这本书，旨在探究运动与积极游戏如何支持和促进孩子们的身体、大脑、学习能力和社会情感的发展，以及如何培养他们对运动和学习的积极态度。

关于如何指导孩子们学习，学界有很多不同的观点和学派。不过，从事儿童照护的专业人员普遍认为，游戏和身体活动对孩子们非常重要。身体活动对大脑发育具有积极影响，这一点已经成为儿童照护专业人士的共识。可是，知道某件事对孩子们有好处，与知道如何在孩子们主导的环境中通过有趣的计划活动和课程为其提供最佳的发展与学习机会，是两回事。我们需要回顾过去那些有效的方法，然后在此基础上，结合现代研究成果和自身经验中的新知，来发展自己这方面的认识。

现代社会过于看重孩子们的学业成就，要求他们在很小的时候就学会阅读、写作和计算，这给教师和家长带来了很大的压力。遗憾的是，目前社会各界对孩子们的身体发展仍不够重视，除了我们看到的儿童肥胖率上升这一影响之外，孩子们的认知发展也有可能受到影响。身体活动不仅影响孩子们的社交技能、语言、沟通、数学和自尊心的发展，也会对他们的认知发展产生影响。某些政府和决策者对孩子们寄予的不切实际的期望，使孩子们很难有充足的时间自然生长。因此，认识到儿童在游戏、运动和参加有计划的体育课时所学到的东西是很重要的。

入学准备

"入学准备"指的是孩子们发展到了一定阶段，能够有效地进行学习时，家长和教师对其实施的系列教育。为了让孩子们做好入学准备，成人需要给他们提供很多机会去玩耍、探索、活动，发现自己的能力，接受挑战，并与同龄人建立积极的关系。总而言之，孩子们应该在以下四方面得到相应发展。

- 身体，主要包括动作发展和健康

- 情感和社会性
- 认知
- 语言

如果孩子们在接受正规教育时还没有获得充分的发展，那么他们将很难坐得住，并在集中注意力、写字、管理情绪、参与身体活动以及与人交流方面产生问题，所有这些都会对他们的学习成绩、社交互动和学校生活体验产生负面影响。

吸引儿童参与

根据神经科学的研究成果，以及心理学家列夫·维果茨基（Lev Vygotsky）和让·皮亚杰（Jean Piaget）等人的儿童学习与发展理论，我们可以知道孩子们在全身心投入的时候学习效果最好[1][2][3]。这意味着，孩子们在享受所做的事情，在其能力范围内接受挑战，以及有机会探索新事物和不同的环境时，会非常专注。这种全神贯注不仅为孩子们的学习提供了最好的条件，还能帮助他们发展高阶思维——这对他们今后在学校的学习乃至未来的生活都至关重要。

作为幼教工作人员，我们应该努力创造一个能让孩子们自由探索和体验新事物的环境（想了解更多相关信息，请参见本书第十章）。此外，成人提供的活动应当符合孩子们的兴趣和能力且充满创意，以激发他们的想象力。虽然这些活动可能是重复的，但我们可以让它们发生一些小变化，

---

[1] Fredricks, J.A., Blumenfeld, P.C. and Paris, A.H. (2004) 'School engagement: Potential of the concept, state of the evidence.' *Review of Educational Research 74*, 1, 59–109.

[2] Immordino-Yang, M.H. and Damasio, A. (2007) 'We feel, therefore we learn: The relevance of affective and social neuroscience to education.' *Mind, Brain and Education 1*, 1, 3–10.

[3] Willis, J. (2007) 'The Neuroscience of Joyful Education.'

从而给孩子们提供一定的挑战性。

为何儿童需要运动和积极游戏？

"久坐不动"会限制孩子们的探索、发现和学习。当孩子们与小伙伴一同奔跑，随音乐摇摆，勇敢地跳过小溪或者动手搭建属于自己的"小天地"时，他们的学习就发生了。在这些活动中，他们不仅发现了自己的力量，还学会了与伙伴相处，认识到了每个人的独特性。他们理解了距离，了解了事物是如何结合在一起的，知道了所需物品的数量，掌握了团队的沟通和协作方式以及语言的节奏等。

孩子们只对自己真正感兴趣的事情上心。如果觉得无聊或太难，他们可能不会全身心投入，即使参与，也可能收获不多，甚至会感到沮丧和焦虑。这意味着整个体验对孩子们学习的影响可能是消极的，而不是积极的。

当幼儿游戏和进行身体活动时，他们其实是在以一种特别的方式"工作"——学习新技能，锻炼大脑，更好地了解世界。每次游戏都是孩子们发现和收集新信息、尝试并应用新想法的宝贵机会。

结合精细运动和粗大运动的积极游戏，不仅能强健孩子们的身体，还能提升他们的社交和智力水平，促进其大脑的发展。孩子们只要参与这类游戏（无论是儿童主导的还是成人主导的），就能获得学习和成长。而消极（被动）游戏，即只是观看或向他人学习的游戏，无法为孩子们提供发展所需要的学习机会和经验。因此，让孩子们动起来，让他们积极主动地参与游戏吧。

幼儿应该把一天中的大部分时间花在运动上，这样他们就会在周围世界中发现很多知识，也会了解自己能做些什么。在不忙或休息的时候，他们应该跑步、跳跃、旋转，让心率在每天的固定时段升高。同时，他们还应该以各种方式活动（既可以是他们自己选择的，也可以是由成人引导的）来发展所需的多种技能［他们需要习得非常多的动作技能（参见"第二章 身体发展"中的"技能"部分），这有助于他们熟练地掌握基本的运动技能］。为了让孩子们发展并最终掌握这些技能，照护者还需要为其提供定期的指导和支持——结构化的积极游戏和身体活动对孩子们而言至关重要。

为了让幼儿以自己的方式与速度成长和发展，应使其每天有足够长的时间进行自由游戏和结构化游戏（或有组织的游戏）。

自由游戏或自主游戏

自由游戏（自主游戏）是指孩子们被赋予自由，去选择他们想做的事情（如果条件允许，还可以选择游戏的地点）。成人可以通过创设丰富的环境、鼓励户外玩耍、提出挑战，以及询问孩子们的成就和计划，来影响他们的自主游戏体验——这可能是极好的教育契机。当孩子们感到安全和被关爱时，他们就更有可能抓住机会去尝试新事物，这种安全感通常来源于他们与照护者之间的关系，以及他们在成人的照护下形成的自信。

结构化游戏或活动

除了自由游戏，给孩子们安排一些结构化活动也很重要。这样能帮助他们获得在成长过程中所需要的各种本事和技能。另外，参与这些活动能让孩子们一起玩，让他们有机会体验一些自己可能不会主动尝试的东西。关键是成人应该根据孩子们的能力和兴趣，从他们已经掌握的技能出发设计活动，让活动变得更有趣、更容易上手，也更让孩子们享受。此类游戏对孩子们有很多好处，比如：

- 激发创造力；
- 培养问题解决能力；
- 通过和同伴交流，提高语言能力；

- 学会怎么与人相处；
- 通过亲身经历，更好地认识和理解这个世界；
- 培养高阶思维能力；
- 学会自我管理，提高自控力。

执行功能与自我管理

执行功能使我们能计划、组织和完成许多任务。当我们还是孩子的时候，发展执行功能是非常重要的，因为它将在很多方面帮助我们。当我们变得沮丧、愤怒，或者面对意外情况的时候，执行功能让我们能够控制自己，更加灵活地思考，规划优先事项并朝着目标或结果努力，还能使我们从一个活动或任务切换到另一个活动或任务。

为了发展执行功能，孩子们需要与照护他们的成人建立积极的关系，获得环境的刺激，参与创造性游戏、体育锻炼和社会互动。我们需要帮助他们发展应对机制，增强他们的抗压能力。研究表明，自由游戏（而不是结构化游戏），对执行功能的发展有着巨大的影响[1]。

成人的角色

儿童的学习方式与内容，取决于儿童自身、家长以及家庭外的照护者的相互作用。儿童最宝贵的学习经验并非教师或家长所教授的内容，而是源于成人提供的环境、能够激发孩子学习动力的工具、家长为孩子创造的体验与机会，以及教师与家长合作的方式。我们应当重视孩子的学习过程而非仅关注其学习结果，应当通过放权让儿童去自由探索和发现。我们可以在运动、游戏及室内外活动中，引导儿童获得由惊奇与好奇驱动的多元学习体验。

---

[1] Frost, J.L. (1998) 'Neuroscience, play and child development.'

随着年龄的增长，儿童进入正规教育体系，尽管作为个体，他们的学习方式各异，兴趣各不相同，但许多人被迫遵循标准化的学习方式。在早期阶段，我们有幸能给予儿童作为个体学习与发展的自由。我们越了解如何支持儿童的学习与发展，就越能为他们提供更多的支持，以丰富其日常体验。我们需要发展认知、创造力与自信，以便为自己所照护、启发、培养及教导的幼儿提供既能激发其兴趣又有效的学习体验。

芬兰有句古语——"学而不乐，学后易忘"。这个理念在其早期教育课程中有所体现。芬兰儿童从 7 岁开始接受正规教育，他们作业负担轻，不按能力分班，主要的日常活动是玩耍。然而，自 2000 年以来，芬兰在全球教育排行榜上几乎始终名列前茅。这证明了幼儿不需要通过静坐来学习，事实上，他们需要的是与之相反的学习方式。

读者可以从书中学到什么？

本书旨在为幼教工作者赋能，帮助他们获取知识、信心与动力，使他们能够为孩子们创造最佳的学习体验与教育成效。

本书将聚焦于两大核心领域：

- 阐明运动如何支持儿童的认知学习、大脑发育、社交技能及幸福感；
- 提供信息、创意、工具及小贴士，帮助教师设计活动，让儿童在运动中学习和快乐成长。

全书分为多个章节，涵盖全球大部分教育课程所涉及的学习领域，如数学、语言与读写，以及个性与社会情感发展。每一章都将明确地指出身体活动如何支持儿童的学习，以及如何利用活动来强化儿童的学习效果。本书将为读者提供信息与知识，助力其发展个人教学实践，同时将分享日常可用的实用创意，以及来自幼教同行的优秀实践案例与示例。部分重要信息将在不同章节中被反复提及，以强调其重要性。

本书专为那些照护儿童及与儿童共事的教育者设计，旨在提升他们的专业知识与技能。书中的内容不仅适用于身体健全的儿童，也关照到残疾儿童及有特殊教育需要的儿童。

本书将深入探讨以下几方面的内容：

- 身体活动与积极游戏如何全方位地支持儿童的学习；
- 教师如何实施活动课程和上体育课，同时营造一个环境，既促进儿童的自然学习体验，又不对其强加束缚；
- 其他教师分享的优秀实践案例；
- 促进儿童学习的身体活动创意；
- 定期安排非结构化的休息活动，对儿童的学习具有重要的作用。

书中的信息均以通俗易懂、便于操作的方式呈现，避免纯学术性的论述。书中的内容不具有强制性，因此适用于不同情境与儿童群体，比如由能力和水平各异的儿童（如特殊需要儿童）组成的儿童班、有轻度至中度身体障碍的婴幼儿的托班、高度活跃的儿童群体或不愿参与活动的儿童群体。

在多年的幼教工作中，我与托儿所、儿童中心和幼儿园的孩子们朝夕相处，同时也为教师提供支持与培训。在这个过程中，我开发了一系列满足儿童需求与兴趣的活动，这些活动对孩子们的成长和学习产生了深远的影响。在本书的最后一章（第十一章），我分享了一些活动创意，以及一些经典活动；在第三章至第八章，我列出了与第十一章的活动相对应的清单，这些活动能辅助特定领域的教学。你可以直接照搬这些创意，也可以把它们当作灵感源泉，融入自己的特色，让它们更适合你的教学特点和你所负责的孩子们。

目录

第一章 运动与积极游戏对儿童发展的重要价值 ········· 1
    基本原则 ·· 3
    差异化教学与小步递进 ································ 11
    身体活动与大脑成长 ·································· 13
    在教学计划中加入身体活动 ························· 15
    利用音乐、故事 ······································· 15
    户外学习 ·· 16

第二章 身体发展 ··· 17
    身体活动如何促进儿童的身体发展与健康 ······· 18
    多少活动量较为适宜？ ······························ 20
    技能 ·· 21
    自我照顾 ··· 28
    小步递进 ··· 29
    想象 ·· 29

第三章 数学与计算 ·· 35
    身体活动如何促进儿童学习数学与计算 ········· 36

　　　　数字 ··· 37
　　　　形状、空间、量度和几何 ······································· 38
　　　　自然发展 ··· 39
　　　　成人的角色 ··· 41

第四章 语言、读写与交流能力 ··· 53
　　　　身体活动如何影响儿童的语言、读写与交流能力 ··············· 55
　　　　自然发展 ··· 58
　　　　精细动作发展 ·· 59
　　　　肌肉力量 ··· 59
　　　　不愿参与活动的孩子 ·· 60
　　　　精细运动技能 ·· 60
　　　　音乐与大型童谣表演活动 ······································· 61
　　　　想象游戏与角色扮演 ·· 62
　　　　榜样示范与交流 ·· 62
　　　　对话而非提问 ·· 63
　　　　户外游戏 ··· 63

第五章 个性与社会情感发展 ··· 71
　　　　身体活动如何影响儿童的个性与社会情感发展 ·················· 72
　　　　自信与自尊 ··· 74
　　　　韧性 ·· 76
　　　　行为与心理健康 ·· 78
　　　　情感素养 ··· 79
　　　　自我调节 ··· 80
　　　　独立性 ··· 80
　　　　自然发展 ··· 81
　　　　社交技能 ··· 82

第六章 对世界的认知与理解 ····· 91
- 身体活动如何影响儿童对世界的认知与理解 ····· 92
- 认识和理解世界的各个方面 ····· 95
- 自然发展 ····· 100

第七章 表现艺术、设计思维与创造力的发展 ····· 107
- 身体活动如何影响儿童表现艺术、设计思维与创造力的发展 ····· 108
- 表现艺术、设计思维与创造力发展对应的领域 ····· 111
- 创造力的重要性 ····· 112
- 自然发展 ····· 114

第八章 精神、道德、社会和文化的发展 ····· 119
- 身体活动如何影响儿童精神、道德、社会和文化的发展 ····· 121

第九章 冒险行为与冒险性游戏 ····· 129
- 冒险的重要性 ····· 130
- 什么是冒险性游戏？····· 131
- 冒险性游戏的风险与益处 ····· 131
- 自我调节 ····· 133
- 成人的支持 ····· 133
- 挑战 ····· 134
- 家长与照护者 ····· 135
- 风险与额外需求 ····· 135
- 允许冒险行为与冒险性游戏的环境 ····· 136
- 设备 ····· 136
- 冒险中的教育契机 ····· 138

第十章　自主学习与支持性环境 …………………………………………… 141

  情感环境 ……………………………………………………………… 143

  室内环境 ……………………………………………………………… 144

  户外环境 ……………………………………………………………… 144

第十一章　身体活动创意 ………………………………………………… 147

  增强活动效果 ………………………………………………………… 148

  身体教育的基本要素 ………………………………………………… 148

  实用辅助资源 ………………………………………………………… 149

  交叉运动与双侧运动 ………………………………………………… 150

  体育课或结构化活动 ………………………………………………… 150

  纳入教学计划 ………………………………………………………… 151

  我的必备资源 ………………………………………………………… 152

  活动集锦 ……………………………………………………………… 156

第一章

运动与积极游戏对儿童发展的重要价值

人们通常会认为身体活动对孩子而言只具备保持身体健康的作用。其实，它对年幼的孩子而言，是一个非常有效的学习工具。孩子们在运动的时候，不仅锻炼了身体，还学习了如何与别人交流，开始理解同龄人互动中的细微差别，掌握数学概念，丰富词汇量，并促进大脑发育。

孩子们的早期经历对他们现在和将来的健康、幸福都会产生影响，这是他们未来生活的基石，决定了他们将会成为什么样的人。宝宝刚出生的时候，大脑还没有完全发育好，虽然基因对大脑构造的影响是固有的，但是孩子早期的经历也颇为关键，特别是那些丰富多彩的经历，其中运动和积极游戏占很大比例。

幼儿的大脑在受到环境影响的同时，也会对环境做出反应，他们正是通过活动和丰富的体验来学习的。正因如此，运动对婴幼儿的大脑发育和学习至关重要。

早期教育阶段的孩子是幸运的，因为他们不会像年长的孩子那样，受到政府和教育机构的严格限制。成人应该利用这个机会，用积极的态度帮助孩子们通过运动、游戏和探索环境等方式（这些方式应该顺应孩子们的天性）来学习和发展。

如果教师、家长和照护者想让孩子们在身体、社交、情感及学业上都能成长、进步并获得全面发展，那就需要为其创设一个丰富多彩的环境，提供各种游戏机会，以拓展孩子们的知识面，丰富他们的经验。儿童天生就是学习者，只要好奇心被激发，他们就会主动学习。无论是5岁还是105岁的人，都会对既好玩又有趣的事着迷，也更容易从中学到东西。

另外，众所周知，儿童（特别是幼儿）不会孤立地学习不同的科目，他们是通过玩拼图、水和记分游戏来学习数学概念的，是通过演绎生动有趣的情节与角色、吟唱儿歌等形式来发展语言和沟通能力的，是在与小伙伴一起玩耍的时候学会怎样与人打交道的，是通过他们的成就（比如接住一个球或者搭建物体）来形成对自己的积极态度的。虽然现在很多人都在讨论跨学科学习对孩子的成长和学习体验的影响，但是我们还在探索如何以这种方式教学。既然孩子的身体、认知、情感和社会性的发展都是相辅相成的，那么我们所采用的教育就不能是割裂的，而应该是整合的。

随着教师在教学和文书工作上的压力越来越大，他们开始不断寻找快速地完成工作的方法，这往往对他们为儿童提供的照护和支持，以及儿童的学习和发展产生负面影响。但如果这种节省时间的想法能驱使教师全面地看待儿童在单一任务中的学习潜力，那么它也可能带来好的结果。我们在给孩子们提供信息和工具，帮助他们通过运动和游戏来学习的时候，就能发现这一点，那些和儿童打交道的人也会发现，儿童在许多领域的发展成就是同步达成的，而不是单独实现的。因此，在通过运动和积极游戏支持孩子们学习的时候，请务必意识到这些活动是如何支持孩子们的认知学习、大脑发育、社交技能和身心健康的，并采用整体的而非单一的学习观。

社会重视儿童的学习成绩，教师和家长都有压力，甚至想让儿童从小就学会阅读、写作和计算。然而，这会让儿童变得不那么活泼，减少儿童游戏的机会，甚至可能对儿童的学业成就构成阻碍。运动和积极游戏是儿童学习的本质，过早地强迫他们进行更正式的学习可能会适得其反。当幼儿在游戏时，他们不仅仅是为了快乐；他们实际上是在"工作"，为每个领域的发展打下基础。

基 本 原 则

在照护儿童时，要尽可能了解他们的过去。他们以前有大量的运动机会吗？家里有没有花园？小时候爬得多不多？这些信息能帮助我们了解他们现在的发展状况，尤其是对那些身体和学业发展迟缓的儿童而言，我们了解这些信息非常重要。经常会有人问起儿童是如何成长的、过渡的，其实，成人应该支持儿童自然而然地进步，而不是强制要求他们从某一个年龄段过渡到下一个年龄段。最重要的是，孩子们要通过游戏、运动，在享受乐趣的过程中学习和成长。这样，他们就更有可能在变得快乐、自信、学业有成的同时，发展参与更复杂的游戏和运动所需要的能力。

现在有很多工作方案、指导原则和资源能帮助教师开展身体活动。这些都是非常有用的辅助工具。不过，对教师而言，更重要的是掌握有关知识，并把这些工具更好地应用到自己照顾的孩子身上——只要具备一些相关的专业知识，教师就能更好地理解孩子的需求。同时，要记住的是，除非孩子伤害自己或他人，否则没有哪个游戏或身体活动是错误的，教师也要向孩子解释清楚这一点。

鼓励孩子们尝试用不同的方式运动是重要的，只有这样他们才能发展出运动所需的所有技能。在孩子们熟练掌握技能之前，他们需要先发展平衡能力、协调性、空间意识等运动所需要的基本能力，随着年龄的增长，他们还需要具备敏捷性——这些基本能力将极大地影响孩子们的身体发展水平，所以有必要尽早打基础。事实上，因为发育迟缓被转介给职业治疗师或物理治疗师的孩子们，很多时候只是需要花更多的时间来探索环境，以补上小时候因为身体活动太少而落下的"课"。对孩子们来说，ABCS*的发展太重要了，因为它们不仅是孩子们身体发育和能力的基础，还影响着他们未来的学业成绩。因此，在为孩子们规划和提供身体活动机会的时候，应该始终把促进 ABCS 发展放在首位。

有些孩子可能因为患有发育性协调障碍、自闭症或脑瘫等病症，所以 ABCS 的发展受到阻碍。但无论如何，为孩子们提供尽可能多的运动和积极游戏的机会，将对他们的发展产生巨大的影响。

---

* 是 "agility, balance, coordination and spatial awareness" 的缩写，指的是敏捷性、平衡能力、协调性和空间意识。——译者注

敏捷性

敏捷性，指的是儿童做动作的速度，以及在保持平衡的情况下，能快速、准确、有效地改变身体方向的能力。为了变得更加敏捷，儿童需要进行以下几方面的练习。

- 静态平衡
- 动态平衡
- 速度
- 力量
- 协调性
- 空间意识

儿童在发展敏捷性之前，需要通过定期参加各种身体活动和自由游戏来发展上述能力。

敏捷性为什么重要？

敏捷性影响儿童的运动能力和运动成就。支持儿童敏捷性的发展将使他们更愿意参与身体运动，鼓励他们终身热爱运动、追求健康和实现自我价值。

活动建议

专门的敏捷性训练不适合儿童。然而，只要他们能有规律地进行运动和游戏，那么他们的敏捷性和速度就会自然而然地得到提升。下列身体活动将有助于提升孩子们的敏捷性。

- 跳跃动作和其他促进空间意识的活动
- 接力赛
- 障碍赛

- 动感故事
- 走走停停

> **小贴士**
>
> 最初,应该关注如何支持孩子们发展平衡能力、协调性和空间意识。随着年龄的增长,这些基本能力将支持儿童发展更高水平的敏捷性。

平衡能力

平衡能力是一种随经验积累逐渐形成的能力,它使个体在执行任务时能维持并控制身体的姿态,是日常活动中不可或缺的能力。儿童的平衡能力直接影响他们的移动性动作技能和操控性动作技能,以及如穿衣、取物,甚至在椅子上直坐等日常生活技能。因此,将平衡练习融入儿童的日常活动尤为重要。

平衡能力主要由以下四个核心组成部分构成。

- 本体感觉或空间知觉:理解自身周围的空间布局,以及这一空间如何影响人体保持平衡。
- 耳内前庭系统:通过监控头部位置来控制平衡。
- 背部、腹部肌肉,髋部及脚踝的力量:这些部位协同工作,以确保人体保持平衡。
- 视觉系统:使个体能感知自身与周围环境的相对位置,并察觉可能影响平衡的任何动态。

从简单的练习开始,例如抓着椅子的某个部位保持平衡,然后逐步尝试更复杂的平衡动作,例如在身体移动的同时拿着物品并保持平衡,这是一种帮助儿童自信地发展平衡能力的方法。

平衡能力可分为静态平衡和动态平衡两类。

静态平衡

静态平衡是指保持重心稳定，身体在支持面上保持静止和稳固，例如，单脚站立或头倒立。

动态平衡

动态平衡是指在运动时能控制身体，保持平衡，例如，在平衡木上行走，骑自行车，在投球或接球时保持身体平衡。3—5岁儿童的动态平衡能力应达到以下标准：

- 3岁儿童能在宽阔的平衡板上行走；
- 4岁儿童能沿着狭窄的平衡木走一段距离；
- 5岁儿童能走完狭窄的平衡木。

> **小贴士**
>
> 除了使用双脚之外，还可以尝试用身体的不同部位来保持平衡。比如，先用手和膝盖保持平衡，然后试着抬起一只手或让一条腿的膝盖离开地面，还可以尝试用臀部着地保持平衡，或者侧身用一只手和一只脚支撑身体以保持平衡。

特殊儿童的平衡练习

对于有特殊身体需求的孩子而言，让他们在健身球或父母的膝盖上弹跳，是帮助他们锻炼平衡能力的好方法。在跳跃的过程中，他们会自然而然地学会保持平衡。根据孩子们的需要，可以用手扶着他们的手或身体来给予其支持。就像对待小宝宝一样，可以在地上放置不同的垫子，鼓励孩子们爬过去。在爬行的过程中，他们将学习如何在不同高度的物体表面上保持平衡。

协调性

协调性是执行日常任务所必需的，主要是儿童在早期通过大肌肉运动和精细运动技能的练习来培养的。但是，并非所有孩子都能轻松掌握这项技能，因此，我们必须为他们创造丰富的机会去游戏、探索和创造，使其保持身体的活跃度。

手眼协调与脚眼协调

这是用眼睛引导手或脚做出动作的能力，比如接球、击球或踢球。手眼协调对于书写、阅读以及在黑板或其他平面上抄写等活动而言，也十分关键。

双侧协调

双侧协调指的是我们能以有序且受控的方式同时使用身体的两侧。它表明大脑两侧会进行交流，让我们的双手和双脚能默契地配合。双侧协调是需要分阶段学习的：第一，是让身体两侧做相同的动作，比如拍手；第二，是用一只手活动，另一只手保持静止，比如投球；第三，是做交替动作，比如双脚轮换跳绳、踏步和爬行。随着技能的提升，孩子们还能学会用一边的手做一件事，用另一边的手做另一件事，比如用一只手写字或剪纸，用另一只手扶着纸。

双侧协调不仅使我们能完成跑步、跳绳、开合跳等大肌肉动作，还能直接影响我们的日常活动，比如写字、剪纸、上下楼梯和烹饪等。

荡秋千

荡秋千有助于孩子们在晃动的过程中发展协调且熟练的动作。孩子们在前后摆动时需要协调许多动作，相较于成人教他们，他们自己摸索出这些动作会更容易，但你可以站在他们面前，让他们用脚触碰你的手，以此来支持他们的动作发展。

游泳

孩子们需要协调他们的手臂、腿和其他身体部位，推动自己（在水里）向前而不下沉。游泳对发展身体的协调性很有好处，同时也是一种极佳的锻炼和娱乐方式。

> **小贴士**
>
> 如果不能经常去游泳池，儿童可以在地面（柔软的表面上）练习划水。他们可以趴着或仰卧，并尝试协调他们的蹬腿和划臂动作。

如果一个孩子没有发展出良好的协调能力，那么他生活的各方面都会受到影响。

空间意识

空间意识，就是对自己身体在空间中位置的认知（即身体如何适应空间），也可以理解为孩子们对自己在空间中的位置，以及他们与空间中物体的关系（即他们如何相对于空间中的其他物体或人来定位自己）的认知。

儿童在发展空间意识之前，需要具备足够强的身体意识，也正因如此，体验足够多的身体意识活动对于幼儿而言是非常必要的。一旦孩子们明白了他们的身体是如何结合在一起的，他们就能理解自己的身体与空间中的其他物体和人的关系。

支持空间意识和身体意识自然发展的最佳方法，就是让婴幼儿自由地探索环境。当然，有一些情况可能会抑制或阻碍婴幼儿空间意识的自然发展，比如自闭症和脑瘫，这些病症使他们的感知力受创，在早期缺失自由探索环境的机会，长期患病使他们错过空间意识发展的关键阶段。

开展像投掷游戏、身体感知活动以及障碍赛这样的活动，能帮助孩子们在适应各种空间的同时，发展空间意识。让孩子们尽情地奔跑，自由地探索他们周围的环境，是促进他们空间意识发展的理想方法。在这个过程中，孩子们可能会撞到其他人或物体，但他们正是通过这样的方式来学习。

正如所有的身体活动一样，空间意识的应用，不仅限于简单的大肌肉动作，它还有着更广泛的应用。比如：在数学和读写课上，孩子们会利用空间意识来处理和排列书页上的信息；在他们的语言和认知发展中，空间意识会帮助他们区分和表达诸如左右、上下这样的基本概念。

在空间意识方面有困难的孩子，可能会存在以下问题：

- 不确定如何在页面上排列信息；
- 在组织和撰写书面作业时感到困难；
- 有某种程度的视觉障碍；
- 在移动时显得笨拙，容易撞到物体或他人；
- 在玩游戏、进行身体活动或使用器械时感到困难；
- 数学学习困难；
- 混淆如"左""右""上""下"等方位词；
- 行为难以遵循方向指示。

以下这些活动，有助于孩子们更好地发展空间意识：

- 投掷游戏，例如，将沙包扔进容器里或者使其越过某条线或某个物体，有助于孩子们更好地发展对距离和大小的理解；

- 障碍赛，有助于孩子们适应各类空间，以更好地理解空间以及掌握适应的方法；
- 随音乐律动，有助于发展孩子们使用身体和区分身体部位的能力，以及在利用空间的同时不碰到其他人和物体的能力；
- 跳房子游戏，有助于孩子们发展平衡能力和掌握适应空间的方法；
- 使用有关身体部位的动作歌曲，有助于孩子们发展身体意识——这是空间意识的重要组成部分；
- 攀爬大型设备或攀爬架，有助于孩子们理解自己与物体的位置关系，例如上方、下方、穿过、中间和包围；
- 基于指令的活动，如"西蒙说"和"老狼老狼几点了"，有助于培养孩子们的身体意识，避免他们撞到其他人和物体。

成人必须记住的是，对于孩子们而言，自由地探索和游戏是其发展敏捷性、平衡能力、协调性和空间意识的最佳方式，也是最自然的方式。

> **小贴士**
>
> 除非活动要求孩子们围成一圈，否则我们应该鼓励他们充分地利用整个空间，这将有助于他们学会避免碰到向不同方向移动的其他人。在场地周围放置标志物或在地上做记号，并指示孩子们在标志物或记号之间移动，是一种很好的鼓励方式。

差异化教学与小步递进

孩子们会按照自己的节奏发展，成人需要给予他们足够的空间和机会。在为儿童提供结构化活动时，成人应适时地采用差异化教学和小步递进的方式，推动孩子们在各方面取得成就和顺利成长。

开展诸如动感故事和随音乐律动等活动，有助于我们实现差异化教学，因为孩子们能根据自己的水平参与其中，值得注意的是，如果这些活动中融入了更具挑战性的任务，那么我们需要在提供支持时让所有孩子都能参与活动。

差异化教学

在所有预设的课程和环节中，为不同能力水平的孩子制订计划是至关重要的。这样既能让所有孩子挑战自我并获得发展，又不会让他们感到吃力，否则他们将无法享受活动，失去动力。反之，如果活动挑战性不足，孩子们可能会感到无聊，失去兴趣。

小步递进

孩子们的发展速度各不相同，教师有必要为所有活动、任务和技能训练制订逐步推进的计划。尽管对于儿童而言，重复练习很重要，但要定期加入小变化，促进他们的发展和进步。

针对不同能力和特殊需要儿童的结构化活动

针对不同能力和特殊需要儿童，可以采用包含多种技能（所有孩子都能掌握的技能）的活动。对于身体发育较好或能力较强的孩子，可以通过逐渐提高活动的复杂度来慢慢提升他们的能力；对于能力较弱的孩子，可以让他们继续留在适合其水平的活动中。

在一个大区域内安排3~4种活动。确保至少有一种活动适合小组中的所有孩子。能力较强的孩子可以轮流参与所有活动，而能力较弱的孩子可以留在适合其水平的活动中。

PATTER

"PATTER"（见图 1）是一个简便的小工具，它能帮助我们轻松地调整活动和任务，从而实现差异化教学和小步递进。无论是活动规划，还是活动中的临时调整，它都能在其中派上用场。在活动开始前，先准备好几个差异化方案，这样当需要为不同能力水平的孩子调整活动时，我们就能从容应对了。

参与者（People）
改变参与者人数（个人、小组、团体等）会如何影响活动？

活动/运动（Activity / Movement）
如何调整正在进行的活动？

时间（Timing）
在进行这项活动的时候时间快一点或慢一点会有改变吗？

任务（Task）
用什么方式能改变他们正在做的事情？

环境/空间（Environment / Space）
环境（空间大小、室内、户外等）会有什么影响？

资源/设备（Resource / Equipment）
能不能通过改变使用的资源来调整活动？

图 1

身体活动与大脑成长

新生儿在出生时，大脑并未完全发育成熟。虽然基因对大脑构造的影响是固有的，但是早期阶段丰富多样的体验，比如开展自由游戏和建立积极的人际关系，在大脑成长的过程中起着举足轻重的作用。孩子大脑的形成受到经验和环境的双重影响，这些影响既可能是积极的，也可能是消极的。

科学研究显示，在人生的早期阶段，大脑发育存在"窗口期"，在此期间，部分脑区会在孩子从出生到 10 岁的某个特定时间段内达到最佳发展状态。我们大多数人不是科学家，无法确切知道这些窗口期开启的时间。因此，我们有必要为孩子们提供大量的活动机会，并确保他们接触多种多样的活动。这样即使错过了这些窗口期，也可以开发孩子们大脑的特定区域，只是可能错失将它们发展到最佳状态的机会。例如，"语言习得"的窗口期在 5 岁时开始关闭。在窗口期，孩子们只需接触语言就能轻松学习，并且可以同时学习多种语言而不带口音。

大脑在我们的学习过程中不断变化的特性被称为"可塑性"。这种可塑性伴随我们一生，并在早期表现得尤为突出。基因构建了大脑的基础框架，但随着孩子们经历各种不同的事情和接触各种环境因素，大脑会相应地发生变化，我们的性格和未来发展会因此受到影响。研究发现，在出生前以及孩子的成长阶段，对大脑产生影响的一些关键因素主要包括：依恋关系的建立（无论是积极的还是消极的）、营养摄入、感官刺激、运动刺激、社交经历，以及药物和酒精的接触。孩子的大脑虽然比较容易受到环境中有害因素的伤害，但是其拥有较强的恢复力，随着年龄的增长，改变大脑的神经连接会越来越难。

从出生到 3 岁，孩子们的大脑会以惊人的速度成长和变化。神经元之间为了相互连接和传递信息而形成的突触，在这个阶段的发展速度超过了我们一生中的任何其他时段，这个过程被形象地称为"突触爆发"。到了 3 岁，孩子们的突触数量会比实际需要的更多，甚至是成人大脑的两倍多。随后，大脑会开启一个名为"突触修剪"的过程，去除那些较弱或较少被使用的突触。突触的爆发式增长和后续的修剪对于大脑高效传递信息、增强知识储存能力以及实现最佳发展都至关重要。这一过程会持续到孩子大约10岁的时候。为了促进孩子们的大脑发展，有必要让他们持续获得积极的学习体验，建立积极的人际关系，并接触有益的环境因素。

在教学计划中加入身体活动

孩子们的大脑总是驱使他们动个不停，对他们而言，长时间安静地坐着非常困难。与其强迫他们待在静态环境中，不如顺应他们的天性，让他们通过运动和探索学习。对此，有必要把身体活动融入孩子们的各个学习环节中。身体活动其实可以成为支持所有发展领域和学科的基础，这些领域包括读写、数学、社会情感，以及对世界的理解等。

> **小贴士**
>
> 在规划各领域的学习时，起初应确定期望孩子们学习的内容，思考如何通过身体活动来强化孩子们的学习过程。在所有的教学计划中加入身体活动，是一个简单有效的方法。

利用音乐、故事

孩子们会对音乐、动作和故事做出反应，并乐在其中。他们喜欢随音乐的节奏律动，喜欢押韵和重复那些歌曲，并通过运动和积极游戏来学习。故事能激发他们的想象力，帮助他们更好地理解这个世界。由于孩子们天生好动，将故事、歌曲和童谣融入活动中，能促进他们的学习，使他们获得更多的乐趣。与其让孩子们在听故事或唱歌时乖乖坐着，不如让他们通过表演，亲身体验歌曲内容，或者在故事的演绎中探索世界和了解各种角色。他们可以像老约克公爵一样登上那座山，像猴子一样爬上森林里的树，感受风、太阳、雨和雪的影响。

户外学习

越来越多的研究证据表明，户外学习会对孩子们的情感健康以及在校表现产生深远的影响。你即使不是一名科学家，也能体会到孩子们在户外活动中获得的好处。

为了让孩子们在身体、情感和认知方面得到恰当的发展，以及使他们的运动神经（即大脑中整合视觉、听觉和运动感觉的神经）变得更加成熟，孩子们不仅需要大量的室内体验，更需要丰富的户外体验。考虑到这些方面的发展水平可能会被视为衡量儿童是否准备好上学的标准，孩子们应该有能力完成以下动作。

搭建	快速移动	滚动
搬运	缓慢移动	奔跑
抓取	腾跃	滑行
攀爬	摇晃	摆动
悬吊	拉	旋转
跳跃	推	投掷

早期的运动与积极游戏，对于我们一生的学业成就、身体健康、情感发展以及社交成功都至关重要。接下来的章节将更详细地探讨运动与积极游戏如何对孩子的各方面都产生影响，以及成人在照顾孩子的生活中扮演的重要角色。

第二章

身体发展

孩子们需要时间进行自由游戏和运动，以发现和探索自己的身体能做些什么。除此之外，孩子们还需要在成人引导下开展活动，这些活动应当激发他们的挑战欲，并引导他们充分地发挥自己的能力。孩子们应该被允许探索环境，并在一天中的大部分时间自主选择活动，从而自然地发展各项技能，成人精心设计并引导的活动将会促进这些技能的发展。当然，这些活动必须是有趣的，以便吸引孩子们主动参与，并培养他们对运动的热爱。

与此同时，孩子们还需要发展精细运动技能。在此之前，他们需要发展各种大肌肉运动技能，为他们掌握精细运动技能和获得完成任务的能力（如灵巧地写作和用剪刀剪东西）打下基础。例如，写字需要人体保持一定的姿势并具备控制手和手臂所需的平衡能力，而控制手和手指的精细运动技能不仅依赖强健的背部、腹部、颈部和肩部肌肉的支持，还需要能同时使用双手的双侧协调能力、能运用空间认知进行平面布局的空间意识，以及能引导手指在纸面上移动的手眼协调能力等，而这些能力都是孩子们在年幼时通过游戏和身体活动逐渐发展起来的。

越来越多的孩子缺乏锻炼，而且在家里缺乏适当的发展机会，对此，我们需要寻找方法鼓励他们参与更多的身体活动，支持他们的发展。

身体活动如何促进儿童的身体发展与健康

为了让孩子们的身体得到发展，他们需要在一天中的大部分时间进行活动。通过参与有趣的活动，他们会逐渐了解和认识到照顾自己的重要性。除此之外，身体活动还能够：

- 发展大肌肉运动技能和精细运动技能；
- 促进健康成长和发展；
- 培养和保持身体的敏捷性；

- 发展决策能力和问题解决能力；
- 促进大脑发育；
- 提高专注力；
- 提升自信心和自尊心；
- 帮助孩子们了解自己的身体；
- 培养韧性，帮助孩子们了解自己的能力和极限；
- 帮助孩子们了解健康的生活方式以及什么是对他们有益的；
- 通过种植农作物和开展以食物为基础的游戏与活动，使孩子们了解健康的食物；
- 通过趣味活动、动感故事和动感童谣来传授卫生知识；
- 支持精细运动技能、沟通能力和理解力的发展，使孩子们能够照顾自己，或者在他人的少许帮助下实现自我照顾；
- 培养沟通能力，使孩子们能表达自己的感受并将自己的需求告知他人。

小贴士

如果孩子们难以静坐和集中注意力，可以在大肌肉运动中融入精细运动，使他们在运动和游戏的过程中发展精细运动技能。有许多活动既能消耗体力，又能调动和发展孩子们的精细运动技能。例如：在开展动感故事活动时，我们可以让孩子们捡起小纽扣或石子，假装它们是宝藏或西装上的纽扣；在玩晾衣夹赛跑游戏时，可以设置两条相距几米的"晾衣绳"，让孩子们比赛看谁能更快地将晾衣夹从一条绳子上取下并夹到另一条绳子上；在户外障碍赛中，可以设置沙坑寻宝环节，根据背景音乐和动作歌曲的指示做手势。

多少活动量较为适宜？

尽管世界上的许多国家都已经制定了身体活动指南，但仍有部分国家未制定相关政策。英国、澳大利亚、加拿大、新西兰和芬兰等国家在儿童身体发展与健康方面处于领先地位，这些国家制定了各种关于儿童身体活动量的指南。

英国

英国心脏基金会建议，1—5 岁儿童为了保持健康和正常发育，每天应至少进行 180 分钟的身体活动。这些活动需要贯穿一天中的各个时段，而且应该同时包含中等强度和高等强度的身体活动。

中等强度的身体活动是指人体从一个地方移动到另一个地方的活动，例如闲逛，这被称为"躯体位移"；高等强度的身体活动是指有机会让人体心率上升或呼吸急促的活动。

澳大利亚

澳大利亚的指南与英国类似，其指南规定：出生 1 个月至 5 岁的儿童每天应至少进行 3 小时的身体活动，而且这些活动需要贯穿一天中的各个时段；5—12 岁儿童每天至少需要进行 60 分钟的中高强度身体活动。

加拿大

加拿大的指南也建议，1—4 岁儿童每天应至少进行 3 小时的身体活动，而且这些活动应分散在一天中的各个时段进行，儿童应在 5 岁前达到每天至少 60 分钟高强度身体活动的水平。

新西兰

对于 5 岁以下儿童，新西兰虽然没有发布具体的指南，但鼓励他们每天进行身体活动。对于 5—18 岁的儿童和青少年，新西兰建议他们每天至少进行 60 分钟的中高强度身体活动。

芬兰

芬兰规定 7 岁以下儿童每天应至少进行 2 小时的低强度身体活动，7—18 岁儿童和青少年每天应至少进行 1~2 小时的身体活动，并且活动方式要适合其年龄特点。

技　　能

早期的身体技能

有许多教学计划和资源可供教师参考。重要的是，应从基础开始，为你所照顾的孩子提供恰当的活动。教师应事先了解儿童在早期发展的各种技能，然后帮助他们发展这些技能。

教师或许会意识到孩子们在早期需要发展一些基础的、显而易见的动作技能，如跳跃、投掷、接球和平衡等。但与此同时，孩子们还需要发展一些教师并没有意识到的动作技能（本章后面会列出这些动作技能），这些技能因为没有获得足够的关注而缺乏相应的发展机会。此外，孩子们还需要通过身体活动学习社会情感技能，例如轮流参与、结伴合作以及遵守规则等（详见第五章）。

技能知识可以通过教育辅助资源以及实践经验来获取。如果一组 3 岁儿童中的大部分孩子都会跳跃，而只有一个孩子不会，那就表明这个孩子在跳跃技能上需要额外的支持。但是，如果你一开始没有关注这项基本动作技能，你可能会想当然地认为所有孩子都会跳跃——这是有风险的。

教师可以通过设置室外和室内环境，来鼓励孩子们尝试各种技能。同时，有必要让他们有机会正式地发展这些动作技能，以确保所有孩子都能得到适当的发展。此外，让他们做同龄人都能做的事，有助于他们提升自信心。

> **小贴士**
>
> 在一周余下的时间里，不断重复练习体育课上所做的身体活动，能让孩子们有机会发展、探索和掌握特定的动作技能。

如果某个孩子的发育滞后于班级中的其他孩子，或者在学习某项技能时遇到困难，请试着分析他正在尝试做的事情，明晰他觉得这项技能具有挑战性的原因。问自己一些问题，例如：是不是孩子的平衡能力欠缺，协调性差，肌肉力量弱？一旦了解了孩子们的需求，我们就能更好地帮助他们掌握这些动作技能。对于孩子们而言，有多次机会重复练习某项会定期升级难度的动作技能是很重要的。当然，如果任务难以完成，他们可能会直接放弃。

在做计划时，教师可以为孩子们每周安排3~4项动作技能的学习任务，同时基于这些动作技能的学习计划安排日常活动，这样活动重点就可以更加突出，能让孩子们有机会发展他们所需的所有动作技能。教师既可以将这些动作技能融入日常的游戏活动中，也可以单独将这些动作技能融入每周的简单活动中，还可以用它们编写各种精彩有趣的动感故事（不必是畅销作品），甚至通过结合各种动作技能来创造新的游戏和活动。

在早期阶段，儿童需要发展的动作技能包括：

换方向	做手势	加速（走或跑）	快速旋转
瞄准	单脚跳	跟着节奏动	凌空挡击
躲避	做实验	单脚转身	踮脚走

平衡	躲闪	拖着脚走	停下来
弯腰	疾走	用手指	洒水
弹跳	抓握	捏取	蹲下
搬运	悬吊	放置	挤压
抓取	躲藏	按压	堆叠
追逐	击打	戳刺	站立
拍手	握住	拉拽	跨步
攀爬	跳跃	推动	伸展
收集	落地	伸手	拿起
爬行	腾跃	摇晃	轻拍
匍匐	举起	滚动	投掷
剪切	躺下	旋转	触摸
挖掘	踏步	奔跑	转身
闪避	搭配	画线	扭转
绘画	涂色	射门	截击
运球	拾起	跳绳	行走
书写	蠕动	滑行	挥手
扭动	踢		

基本动作技能

掌握基本动作技能是孩子们下一步的发展目标。基本动作技能分为三大类：稳定性动作技能、移动性动作技能和操控性动作技能。孩子们需要熟练掌握这些基本动作技能，以便日后能参与更复杂的游戏和运动。如果孩子们没有足够的机会练习这些动作技能，那么他们可能需要用其余生来弥补。

基本动作技能可以分为以下三类：

稳定性动作技能	移动性动作技能	操控性动作技能
停下来	单脚跳	凌空挡击
平衡	爬行	弹跳
弯腰	躲闪	抓取
攀爬	快走	运球
跳跃	跳远	投掷
落地	跳高	踢
跃起	跨跳	滚
滚翻	跳绳	
伸展	行走	
摆动	跑	
转身		
扭转		

在教授这些动作技能时,教师应该牢记以下几点:

- 在早期阶段,发展孩子们的基本动作技能是至关重要的;
- 孩子们需要专门的教学时间来发展基本动作技能——这些技能不是天生就有的;
- 他们需要240~600分钟的教学时间才能熟练掌握一种基本运动技能;
- 每次应专注于练习一种动作技能,或者练习包含2~3种动作技能的组合动作。

将新学习的技能融入已知活动

并非所有令人兴奋的活动都需要从头开始创造,有时我们只需要让孩子们已知的活动更上一层楼。有些游戏和活动之所以能够经久不衰,是因为它们切实有效。我们可以利用这些有效的方法,并使其变得更好。

红绿灯游戏

可以为这个游戏添加新的颜色,并将它们与本周所学的新技能联系起来。比如,橙色可以表示孩子们在过斑马线时需要跳跃,而粉色可以表示跳过减速带。

西蒙说

将本周新学的动作技能融入"西蒙说"游戏中,使游戏更有针对性。"西蒙说"这个游戏还可以用来创建身体意识活动,这一点非常重要。如果孩子们不了解自己的身体是如何进行组合运动的,那么他们就会在感知空间时遇到困难。

动感故事

动感故事可以围绕以下主题展开。

- 动物——野生动物或动物园里的动物
- 日常活动——打扫房间或购物
- 冒险经历——海盗探险或登月之旅
- 奇幻世界——仙子、公主和龙
- 天气变化——不同的季节或不同类型的天气
- 从读过的书中知道的故事

此外,可以参考下面的例子,将动作或技能融入故事。

丛林探险。在丛林中,你可以弯腰穿过树枝,扭动身体摆脱荆棘,跳过小溪,跑着上山,再从山坡上翻滚而下,伸长手臂去触摸树上的猴子,在河里的踏脚石上跳跃前进,从水中跃出后匍匐穿过灌木丛。

天气变化。你可以模仿风的旋转,下雨时弯腰伸手,手指随雨势摆动;打雷时上下跳跃;阳光明媚时蹲下再起身,同时手臂在身前画大圈;

下雪时则保持静止不动（站立不动有助于培养平衡能力）。

儿童主导。你可以在孩子们的帮助和建议下创作故事。向他们提问，比如：我们今天要扮演什么动物？是老虎吗？我们住在哪里？是在丛林里吗？我们喜欢做什么？是爬树和跑上山吗？我们吃什么？是烤鸡、牛排还是草？

鼓励孩子们思考他们本周学习的动作技能，并思考如何将这些动作融入故事。对于一些孩子而言，这可能太复杂了，成人在此时若能给予他们一些指导，将会对其有所助益。

我们来跳舞。在创作并表演完某个故事后，你可以为该故事创编一支舞蹈。首先让孩子们帮忙挑选与该故事相匹配的音乐，然后让他们随音乐创编动作，最后让他们将本周所学的动作技能融入舞蹈中。这一活动对孩子们的大肌肉动作发展非常有益，它不仅充满激情和趣味，而且在室内外都可以开展。

动感故事和游戏在培养孩子们动作技能的同时，还能激发他们的想象力、创造力和语言能力。这些故事适合所有年龄段的孩子，在你照顾一群能力或年龄各异的孩子时非常有用。

创造新活动

障碍赛

你几乎可以将所有类型的活动融入障碍赛，利用现有的材料，加入孩子们当前正在练习的技能。

示例如下：

- 运用双脚跳、单脚跳或跨跳，从一个点跳到另一个点；
- 弯腰捡球；
- 在两个锥桶之间滚球；
- 在箱子或隧道内匍匐和爬行；

- 在垫子上做直体滚动的动作。

在上述活动中加入精细动作元素，例如串珠子或使用大镊子将绒球从一个容器移动到另一个容器中，有助于那些难以坐下来或无法专注于精细动作的孩子提升专注力。

动感骰子

材料：动感骰子（带有透明口袋）、动作技能卡片和数字卡片。

数字与动作：

- 在每个口袋里的数字卡片后面放置动作技能卡片（如跳跃、单脚跳和扭动等）；
- 投掷骰子；
- 所有孩子一起说出朝上的数字；
- 抽出动作技能卡片；
- 所有孩子一起说出朝上的动作；
- 根据数字卡片上的数字，完成相应次数的动作。

这项活动与数学和识字相关联，还可以使用动物卡片进行游戏——挑选出与本周想让孩子们模仿的动作相匹配的动物卡片。

随音乐律动

选择节奏有变化的音乐，比如孩子们喜欢的儿歌或古典音乐，鼓励他们随音乐节奏、音调高低和音量大小律动（节奏快则动作快，节奏慢则动作慢；音乐柔和或音调低时动作幅度小，音乐响亮或音调高时动作幅度大）。

一旦孩子们学会了随音乐律动，就可以融入一些动作元素，例如：

- 听到某个特定声音时跳跃，听到不同的声音时扭动身体；

- 根据节奏的快慢来调整跳跃的速度。

自 我 照 顾

学习如何保持健康以及照顾自己也是儿童发展的重要方面，这涉及卫生习惯、如厕、洗手、穿脱衣物、健康饮食、补充水分、身体活动以及知道该如何过上健康的生活等。

- 孩子们需要了解身体活动对他们的重要性以及身体活动对身体的作用。
- 孩子们需要了解健康饮食以及与种植有关的知识，这可以通过有趣的活动来实现。
- 孩子们应该学会根据天气穿戴合适的衣物，比如，通过戴帽子和涂防晒霜预防紫外线，通过穿雨靴和雨衣应对雨天等。
- 孩子们需要了解洗手的重要性，教师可以通过有趣的游戏、动感故事或动感童谣来帮助孩子们理解这一点。
- 寻找策略帮助孩子们独立穿脱衣物，比如：让孩子们两两结伴，互相帮助；协助孩子们完成穿脱衣物的部分任务，并让他们自己完成其余步骤，例如给他们留一颗扣子自己扣，或帮他们把拉链钩上后让他们自己拉上等。
- 对于在自我照顾方面有困难的儿童，可以让他们完成最后一小步，比如，让他们把腰部下方的裤子往上提。

> **小 贴 士**
>
> 借助于动作歌曲、动感童谣和动感故事等形式来教孩子们学会自我照顾，这是一个很好的方法。更多信息请参阅第一章的"利用音乐、故事"部分以及第十一章的身体活动创意。

小步递进

孩子越小，学习新事物就越需要重复，学习进程也就越缓慢。这无论对于刚刚接触早期教育的人，还是长期在这一领域工作的人来说，都是一项挑战。对此，教师在设计活动时要力求简单，并包含不断重复练习的内容，当感觉孩子们准备好取得进步时，再对活动做出小幅度的调整，或者增添新的内容。

想　象

研究表明，人们在幼年时期养成的习惯更有可能延续至成年，因此，鼓励儿童享受身体活动至关重要[1]。孩子们普遍热爱运动，之所以有越来越多的孩子变得不愿意参与活动（尤其是高强度身体活动），是因为科技产品的增多以及家长的过度保护（父母无微不至的呵护）。对此，我们需要找到方法，鼓励所有孩子积极参与并享受身体活动。在早期教育阶段，想象和动感故事是非常有用的。

利用孩子们的兴趣和他们喜爱的故事来创作动感故事，让他们成为故事中的角色，并让个别或所有孩子承担发展故事情节的责任。动感故事既可以成为体育课的一部分，也可以在户外即兴表演。这些故事既可以专注于鼓励孩子们动起来，也可以聚焦于特定的技能（如跨过小溪、在树枝下弯腰、从荆棘中扭身而出等）。此外，它们还可以用于教导孩子们感受世界、形成健康的饮食习惯和学会照顾自己……

孩子们常常会因为自己未能参与某项活动感到痛苦，感到无聊，行为

---

[1] Ouellette, J.A. and Wood, W. (1998) 'Habit and intention in everyday life: The multiple processes by which past behavior predicts future behavior.' *Psychological Bulletin 124*, 1, 54–74.

不当，或者去寻找其他的娱乐方式，甚至表现欠佳，但这是他们的错吗？

如果教师不了解有关孩子身体发展的基本知识，那就很有可能错失帮助孩子在关键学习领域得到发展的机会，从而在一开始就让孩子失望。

运动中的美学：舞蹈和体操

我从事体育教学已有30年，目前是英国莱奇沃思市圣弗朗西斯学院（一所为3—18岁女孩提供住宿的学校）的学前体育教育系的系主任。受专业可持续发展培训课程启发，3年前，我开始使用"迷你瑜伽"卡片，向处于早期教育阶段和关键阶段1（KS1）*的女孩教授瑜伽姿势。之所以这么做，是因为我注意到了学习困难的学生的数量有所增加，学生身体的核心力量有所下降，她们的协调性、敏捷性和灵活性由此受到了影响。如今，婴儿坐在汽车座椅上的时间越来越长，平板电脑的使用也越来越频繁，他们还经常食用含糖的食物和饮料，这些生活方式对他们的成长产生了负面作用。

因此，我没有在早期教育中将舞蹈和体操活动分开，而是将瑜伽、体操和舞蹈结合起来，使其成为一种体育美学。我在KS1和KS2**阶段是这么做的：我教授学生基础的瑜伽姿势，这些姿势有助于她们在体操中保持平衡，并在后续转化为舞蹈动作。有许多姿势可以在不同活动中进行转换。"莲花式"是一个美丽且令人平静的姿势，非常适合帮助孩子们静坐。"战士式"既可以转换为投掷、冲刺起跑动作，也可以被认为是游戏中的防御姿势。学生们使用所学的姿势，以及她们希望引入课

---

* 英文为Key Stage 1，是英国小学阶段的第一个阶段，通常包括一年级和二年级，学生的年龄为5—7岁。——译者注

** 英文为Key Stage 2，是英国小学阶段的第二个阶段，通常包括三年级至六年级，学生的年龄为7—11岁。——译者注

堂的其他姿势，开发动作序列或"故事"。例如，对于早期教育阶段和 KS1 阶段的学生，我可能会讲某个故事，当瑜伽姿势在故事中被提及时，学生们就会做出相应的动作。

以"树式"为例，我会用它来引导孩子们创作以树为主题的舞蹈。我们会走到户外观察树木，看看天气或季节是如何影响它们的。到了 11 月，我们的舞蹈就会围绕秋天和树叶展开，我们会探讨树叶的颜色，风如何让树叶旋转飘落，以及松鼠如何在树上窜上窜下、四处穿梭寻找坚果。在此期间，我鼓励学生们使用"迷你瑜伽"卡片来创作故事或情节，这里涉及的跨学科科目可以是科学、英语（读写）和艺术，也可以是数学、历史或任何其他适合融入课程的学科。例如，在体育馆里，我们可能会数一数从垫子的一端滚到另一端需要做多少个"直体翻滚"的动作，然后思考如果换成两张垫子，那么需要完成多少个翻滚动作。

根据本周的教学计划，前几节课的重点是学习"莲花式"和"树式"动作，这些动作还结合了其他基本体式。例如，先站立成"树式"，再坐下成"莲花式"，同时把双手举过头顶，这一系列动作非常有利于锻炼核心肌群和增强对肌肉的控制——它不仅适用于孩子，也适用于成人。

基于迷你瑜伽的体育课的精妙之处在于，它涵盖了所有领域的学习，既能为所有人提供平等接触课程的机会，又能使课堂在保持安静的同时富有成效。

个性与社会情感发展

瑜伽有助于孩子们形成自我意识，培养社交技能和对他人的尊重，并形成积极的学习态度。此外，瑜伽还能支持孩子们的情感健康发展，帮助他们理解和管理自己的情绪以及行为。

身体发展

瑜伽帮助儿童运用他们的感官和身体探索周围的世界，并在新知识和已有知识之间建立联系。瑜伽为他们提供了活动的机会，让他们与大自然或室内的器材互动，提高自身的协调性、控制力和动作技能。瑜伽还有助于加深儿童对健康生活方式的理解。

沟通与语言

瑜伽对儿童语言和倾听技能的发展大有裨益。孩子们可以谈论自己看到的或做出的动作，在多种情境中相互沟通。

读写能力

瑜伽有助于孩子们习得阅读和写作所需的技能，他们需要使用"迷你瑜伽"卡片，阅读上面的文字，并结合手势，富有表现力地摆出相应的姿势。

数学能力

瑜伽可以帮助孩子们发展对数字、计算、形状、空间和量度的理解。例如，小组成员可以围成圆形、方形或三角形，以"树式"姿势站立，讨论大家围成的形状，数一数构成该形状或该形状每边所需的人数。

认识世界

瑜伽能丰富孩子们的知识，提高他们的技能和理解能力，从而帮助他们理解周围的世界。孩子们可以通过探索动物、人、植物和物体，来创造新的动作模式和姿势。

表现艺术与设计思维

瑜伽通过为孩子们提供表达自我和发挥想象力的机会,支持其创造力的发展。谈论他们的表演能够激励他们说出自己的想法,以及动物、植物或天气给他们带来的感受,并鼓励他们与小组成员分享自己的想法。

——艾莉森·布洛姆菲尔德

第三章

数学与计算

在教孩子们数学的时候，我们常常把它复杂化。其实，数学只是运动、游戏、探索和创造力的一部分。孩子们会在日常生活中了解数学并运用数学概念。成人的任务是帮助他们理解这些概念，学习数学语言，并对数字产生热情。

孩子们会在游戏和探索的过程中发现身边的数学概念。他们会通过角色扮演、随音乐律动、探索户外环境以及玩泥巴等活动，体验和了解各种数字、形状、大小、重量、高度和距离。

图 2

身体活动如何促进儿童学习数学与计算

- 在游戏、运动和身体活动中使用方位词，有助于孩子们理解许多数学概念；
- 许多活动能够培养孩子们的决策能力和问题解决能力；

- 孩子们可以通过在游戏中接触形状、量度、距离、体积等，加深对数学概念的理解；
- 孩子们需要发展空间意识，以支持其数学能力的发展（想了解更多的信息，请参见本章后面的内容）。

数　　字

当孩子们开始学习数字，了解如何按序列排列数字、如何计数以及如何加减时，他们很有可能会死记硬背，这样的话，这些数字和序列对他们而言就会变得毫无意义。因此，教师应该设计一些活动，让孩子们理解数字及其用法，帮助他们明白如何在现实生活中运用数字。

- 带或不带数字的动作歌曲均有助于孩子们理解模式和序列。
- 讲述包含日期、月份、季节等内容的动感故事可以帮助孩子们理解时间。
- 计时活动能帮助孩子们理解时间（时间对孩子们而言是一个较难理解的概念）。
- 包含数字的动感故事通过将数字置于其中，来帮助孩子们理解数字。
- 数字游戏有助于孩子们理解数字序列、数学表达和数学语言。
- 数量游戏，如匹配数量相同或不同的物或人（如更多、更少、一半、四分之一以及等量等），为孩子们提供了来自"现实世界"的学习机会，这样的学习对孩子们更有意义。
- 将一堆物体或一群人分成更小的部分，以教授孩子们乘法、除法、大小和集合的概念。
- 计数游戏和记分是理解排序和加减法的有效方法。
- 开展个性化的数字游戏，例如"小组中有几个女孩？"或"如果你是4号，那么你需要跳进呼啦圈里"，是教授数字的好方法。

- 角色扮演游戏，包括在商店里使用钱币、烹饪和计数等，这种将数字融入现实情境中的做法，对孩子们更有意义。

形状、空间、量度和几何

空间意识有助于孩子们理解形状是如何组合在一起的。他们通过游戏和玩耍来认识自己和周围的空间。

- 玩形状游戏，摆弄不同形状的物体，有助于孩子们弄清楚哪些东西能组合在一起，哪些东西不能组合在一起。
- 随音乐做动作，不同的声音对应不同的动作，如像一只沉重的大象那样跺脚，像一位轻盈的仙女那样踮起脚尖，像一个巨人那样高，或像一只老鼠那样小，此类活动会帮助孩子们了解高度和重量。
- 对孩子们而言，用自己的双手测量，或使用来自现实世界的物品（如棍子、袜子、鞋子或铅笔等）进行测量，会更容易。相较于使用直尺或卷尺，这样的测量活动更有意义，也更加有趣和令人愉快。
- 无论是日常的学习还是成人主导的活动，均有助于孩子们理解数学语言及其概念。
- 建构活动需要孩子们学会解决问题，理解形状、大小、高度和空间等概念。
- 许多活动都需要孩子们对不同物品的长度和尺寸（高度、体积、重量和整体大小）进行比较。
- 利用各种物品和材料进行搭建，让孩子们探索和了解不同形状的差异，包括立体（三维）和平面（二维）形状。
- 许多游戏、活动和音乐律动能够教会孩子们关于方位的词汇，如向前、向后、侧向、"之"字形移动以及全转、半转、四分之一转和四分之三转等。

- 进行建构时，孩子们需要理解物体是如何组合在一起的，需要多少数量的物体，以及需要什么高度的物体等。

堆叠、分类和玩水等活动不仅支持儿童精细动作的发展，还有助于他们理解数学概念。当我们教孩子们计数时，他们通常是在"鹦鹉学舌"，这可能对他们而言没有什么实际意义。通过思考物体如何组合以及玩"需要解决问题"的游戏，他们能更好地为学习数学做准备。开放式活动为孩子们提供了更多应用数学技能和知识的机会，也为孩子们提供了许多创造、搭建和发挥想象力的机会。这样能让孩子们面临更多的挑战，从而激发他们进行更高层次的思考。

不结合生活情境来教计数，或许对孩子们的数学语言发展有好处，但这些数字符号也可能对他们而言毫无意义，孩子们由于死记硬背，根本不理解数字的含义，在计数时经常会漏掉某个数字或不按顺序计数。

数学家基思·德夫林（Keith Devlin）认为：数学不仅仅关乎数字，更关乎我们所生活的世界和我们的生活；数学关乎创造力，绝非很多人认为的那样枯燥乏味。当我们观察孩子们通过游戏和探索学习形状、顺序、测量和数字时，这一点就会显而易见。

自 然 发 展

孩子们通过自主运动和积极游戏学习数学的例子如下所示。

- 搭建小屋，需要计算小屋有多大，明确小屋的尺寸和结构，知道它有多少条边，以及了解它的高度。孩子们还需要尝试理解小组中有多少人，以及小屋需要多大才能容纳所有人。
- 制作泥饼，使用不同形状和大小的容器来制作不同的泥饼。
- 通过躺下并将棍子或其他物品放在身边来测量自己的身高或物体的

长度。
- 午餐前收拾材料和玩具，识别物品，并对其进行分类，知道哪些物品应该放在哪里。
- 在攀爬架内、外、上方、下方以及周围移动。这既有助于孩子们发展空间意识，也有助于他们理解距离、方向，甚至理解周围事物的组合方式。
- 烘焙，涉及食材的称量，即使用测量容器来量取部分食材，以及计算其他食材的用量。
- 用纸箱和其他材料建造塔楼和桥梁。
- 通过玩汽车、积木、球等玩具并对其进行分类，学习数字序列。
- 使用不同大小的堆叠杯或相关材料来教授孩子们关于物品重量和尺寸的概念。
- 种植农作物，这有助于孩子们了解时间和农作物的生命周期。他们可以测量农作物，比较它们的大小、高度和生长情况（哪种农作物长得最快，哪种农作物长得最慢？）。孩子们还可以通过种植农作物来学习顺序，比如：哪种农作物是先种的，哪种农作物是今天种的？你还记得我们昨天采摘了哪些农作物吗？明天又该采摘哪些农作物呢？我们在种植前后需要做些什么呢？
- 通过玩水、泥巴、沙子和碎石来创造不同的形状，体验填补、分割和做标记。
- 攀爬树木和其他设施，涉及问题解决能力和空间定位能力的运用。

在早期教育阶段，成人可以提供以下活动来促进儿童的数学学习：
- 通过音乐律动探索高度和重量，例如根据音调高低切换踩脚和踮脚的动作；
- 通过押韵的儿歌进行学习，涉及重复和顺序；

- 使用大骰子来决定要跳多少次、走几步以及跳跃的距离；
- 为竞赛和合作游戏记分；
- 开展障碍赛活动，比如穿过特定空间，记录完成任务的次数、高度、位置等；
- 示范数学语言，开展数学讨论；
- 通过解决问题来完成任务。

如果没有创造力，我们的数学思维和理解能力将很难，甚至不可能得到发展。我们需要探索、尝试新事物并进行实验，以发展这些重要的技能。当孩子们自主运动、积极游戏时，他们是最富有创造力的——这也是他们探索和发展这些技能的绝佳时机。通过现实生活中的体验来学习，有助于孩子们理解和发展这方面的知识，如果没有这种实际应用，知识很快就会被遗忘。在其他发展领域亦是如此，如果你能让某个话题、技能或活动与孩子们更具相关性，对孩子们更具吸引力，那么他们在未来正确发展和运用该技能的机会就会更大。

成人的角色

教师、家长以及照护者有必要了解基础的数学概念。尽管孩子们会自然而然地学习数学概念，但他们仍然需要依靠照顾他们的成人来加强学习，并教授他们数学语言和概念。

我们支持儿童学习数学的方式主要有以下几种：创造一个富含数学元素的环境；留意可教学的时机；最重要的是，让数学变得有趣、富有创造性和吸引力。儿童的学习是不断重复的过程，因此，要思考哪些数学活动适合在室内进行，并考虑其在室外重复开展，甚至扩大活动规模（尽管可能会稍显混乱）的可能性。

要展现出对数学学习的积极态度，留意那些可以针对儿童正在做的事情提出问题的教育契机。此类提问将促进他们的高阶思维和问题解决能力，有助于你更好地理解儿童如何以合作的方式（在儿童自主发起的游戏和教师主导的计划活动中）进行有效学习。教师需要成为学习者，展现出好奇心，提出问题，倾听和学习——这将为儿童学习如何解决问题和与人合作树立榜样。

> **小贴士**
>
> 有趣的数学活动将激发孩子们对数学学习的积极态度，孩子们真的不应该只是坐下来学习大小、数量、形状和距离。

数学语言与词汇

我们可以在许多活动中教孩子们学习数学语言，如计数、比较物品的大小和高低及记分等。例如：

- 让我们像大象那样踩脚，然后像长颈鹿那样踮起脚尖走路。你觉得哪种动物更高？哪种动物更大？
- 你能把沙包扔到最远的篮筐里吗？
- 你们被分成了几组？每组有多少人？

随时随地与孩子们进行数学对话，将丰富他们的数学语言。我们可以问他们：哪株植物更高？哪个玩具更重？你能把球扔多远？

以下是一些任务和活动中经常用到的数学语言和概念：

- 量度——时间、高度、重量、大（更大、最大）、小（更小、最小）、体积、长度、不同的计量单位和整体尺寸；
- 长度——长（更长、最长）、短（更短、最短）、全长、相同长度；

- 宽度——窄（更窄、最窄）、宽（更宽、最宽）、薄（更薄、最薄）、厚（更厚、最厚）、相同宽度；
- 体积——数量、包含（容纳）、满（更满、最满）、空（更空、最空）、深（更深、最深）、浅（更浅、最浅）、适合；
- 距离——近（更近、最近）、远（更远、最远）、靠近（靠得更近、靠得最近）、并排、在……之间、在……旁边；
- 整体尺寸——全部、所有、一起、组合；
- 图案和序列——不同、相同、第一、最后、下一个、重复、匹配、再次；
- 其他词语——预测、估算、不同、相同、相等、比较、对比、部分、最多、最少。

数字、计数、估算、记分与统计

除了死记硬背，孩子们还可以通过其他方式学习数字。在游戏和体育活动中，孩子们经常会计数、估算和记分。估算可以帮助孩子们找到最接近正确答案的数字；记分有助于孩子们理解数字的含义；相较于单纯地计数，数步数、投掷次数和旋转次数会更有意义。

模式与序列

在一个模式中，总有一些元素会基于某条数学规则以一种明显的、可预测的方式重复。当某些数字或元素重复出现时，比如"1、2、3、4、5、1、2、3、4……"，孩子们便能从中习得关于模式与序列的概念。孩子们会在玩拍手游戏、随音乐做重复性动作，以及动感故事和动感童谣活动中学习模式。你可以将这些模式加入音乐和诗歌的节奏中，比如"轻声、轻声、大声、轻声、轻声、大声"。

对成人而言，计数似乎是一件简单的事情。对孩子们而言，如果成人只是将数字作为符号来教授，而不赋予其实际意义，那么计数就会是一件困难的事情。在游戏和歌曲中使用数字和数字序列，将拓宽孩子们对数字规律的认知。

> **小贴士**
>
> 在障碍赛和"跟着领头人"游戏中设计重复性动作，例如"向前跳、向后跳、单脚跳、向前跳、向后跳、单脚跳……"。这些都是一些融入模式和序列的活动创意。

形状与空间

识别形状及其组合方式是数学学习的另一个方面。儿童需要识别和构造几何形状，并发现生活中无处不在的形状。学习如何拼接和操控形状，能加深他们对这个世界及其构造与设计方式的理解。拼图游戏以及搭建活动，有助于儿童了解如何运用和操控形状。自由的身体活动则有助于培养儿童的空间意识，这对于提高数学能力和问题解决能力至关重要。

> **小贴士**
>
> 让孩子们用身体摆出某种形状的活动，有助于他们理解现实世界中的形状，也有助于他们增强对自己身体的认识，以及了解自己的身体能完成哪些动作。

分类

将物品按照大小、颜色、形状等进行区分，能够培养孩子们日后进行加法运算、分类和计数的能力。分类有助于他们理解物品、人或动物的集合，使它们更容易被计数或归类。孩子们会自然而然地创造出自己的分类活动，而成人可以通过一些游戏来强化他们的活动，比如"四角游戏"——你能尽快地把相同颜色或形状的物品放到对应颜色或形状的区域里吗？在活动结束时整理玩具，也是一种锻炼分类能力的方式。

比较与对比

利用现实生活中的一些资源，如日常用品和自己的身体，可以帮助孩子们理解差异。谁更高？有多少女孩？谁的鞋子更大？有多少人有金发？如果你有 10 根手指，就跳进一个圈里；如果你 4 岁了，就单脚跳。我们还可以利用日常用品来比较颜色、大小和形状等。

环境与冒险游戏

承担风险和迎接挑战有助于数学学习。你爬得多高？比上次爬得高还是低？孩子们在户外或充满刺激的室内环境中，能学到很多东西。

解决问题

如果你不知道如何解决某件事，那么这件事就是一个问题，如果别人替你解决了，那么你就没有学会如何解决这个问题。某件事对一个孩子来说是问题，对另一个孩子来说可能就不是问题；一个孩子解决某个问题的方法可能与另一个孩子有所不同。

孩子们会自然而然地设定并解决问题，如果身处充满挑战的环境中，并且有成人与自己探讨问题，那么他们就会制定出强大的问题解决策略。孩子们的经历越丰富，他们的问题解决能力就会越强。

有目的的游戏为孩子们发展问题解决能力奠定了基础，当孩子们面临游戏中的新挑战时，他们就会发现自己需要调动数学思维和理解能力。通过犯错来获取知识是解决问题的一部分。孩子们会探索问题，尝试解决方案，如果方案失败，他们会反思并尝试新的解决方案，直到解决问题。解决问题是早期学习的基础，如果孩子们在乐趣和游戏中学习，那么这个过程将更有意义且更有效。

空间意识

通过探索环境，参与身体意识活动、判断距离和大小的活动以及需要将自身或他人置于特定空间的活动，儿童的空间意识得以发展。如果缺乏良好的空间意识，孩子们在理解许多数学概念时就会遇到困难，特别是那些涉及体积、面积和空间的概念。他们会发现复制图案、序列和形状是一件很困难的事情。培养儿童良好的空间意识将有助于其应对许多日常任务和掌握数学技能。

孩子们还需要理解价值、借位、除法、时间和解决问题等概念，并通过许多类型的活动（如随音乐律动和探索环境）来学习和发现这些概念。

孩子们在运动和游戏时，不仅是在做特定的数学练习，也是在学习数学概念。以下是一些活动类型的示例：

- 包含数字和数学的动感故事
- 包含数字和计数的动感童谣
- 动作歌曲
- 园艺和农作物种植
- 烹饪和准备食物——计数、测量、记录、推理和遵循指示
- 探索社区和世界——散步、制作地图

- 建构活动——涉及简单的塔楼、小木屋、桥梁和其他三维结构
- 寻宝游戏
- 使用非标准工具的称重、测量和比较大小游戏
- 吹泡泡、玩水
- 玩泥巴（泥巴厨房）
- 数字活动
- 记分
- 分组和分配
- 简单实验
- 收集和分类
- 含有序列或模式的活动
- 比较和对照活动
- 使用表示位置和方向的语言

活动创意

第十一章中支持这一学习领域的活动包括：

➢ 动感骰子

➢ 动感故事

➢ 瞄准与得分

➢ 停球游戏

➢ 沙包接力赛

➢ 接球乐

➢ 神奇弹力圈（见下文）

➢ 随音乐律动

➢ 音乐小组

➢ 数字圆圈

➢ 数字寻宝

➢ 东南西北风

神奇弹力圈

神奇弹力圈是一种简单的材料，是由大约 4 米长的粗弹力绳制成的圆圈。

通过神奇弹力圈活动，孩子们不仅能学习数字，还能掌握各种数学概念，涉及形状、解决问题、位置和方位词，以及比较和对照。弹力圈可用于创造多种活动，丰富活动内容，并帮助孩子们集中注意力和专心学习。

孩子们可以分组合作，用弹力圈拼出三角形、正方形或长方形，并借此学习形状。通过方位活动，他们可以更好地理解上下、周围等概念。他们还可以分组学习数字、除法、加法和分类。想了解更多关于如何使用神奇弹力圈的创意，请参见第十一章。

> **小贴士**
>
> 针对年龄较小的孩子，活动节奏要慢一点，先重复简单的动作，再时不时地加入新动作。

> **小贴士**
>
> 神奇弹力圈活动小组中的孩子最多为 10～15 人。孩子年龄越大，能力越强，小组规模可以越大。

微运动：动物与数字

在孩子们年幼时，成人喜欢教他们计数，当他们能数到 10 或 20 时，成人会倍感兴奋。这些都是了不起的成就，然而，即使孩子们能数到 10，也不意味着他们理解数字的含义、用途以及排列顺序。

数字情境活动可以帮助孩子们理解数字在现实世界中的应用。在富有想象力、音乐、活力和趣味的活动中，孩子们可以学习数字并逐渐理解数字。

教师很快就会意识到，孩子们喜欢参与动物主题的游戏。10 张一面印有动物，另一面印有数字的微运动卡片（见第十一章），就非常适合孩子们玩这类游戏。教师可以用这些卡片为儿童设计简单的活动，如"数字寻宝"或"数字圆圈"（见第十一章），并在活动中穿插问答，这将有助于孩子们运用更高级的思维技能并理解数字。孩子们可以坐着进行这些活动，但如果能让他们动起来、玩起来，他们就会学到更多。

二维图形

我已经从教 27 年，大部分时间都在幼儿学校任教。过去 14 年来，我一直同时教授学前班和小学一年级的学生。几年前，我参加了专业可持续发展培训课程并深受启发。

材料

不同形状的垫子，例如圆形、正方形、三角形和长方形的垫子。

创意玩法

❖ 玩法一

在热身环节，孩子们可以"走出形状"，例如：

- 按长方形的形状行走（四步）；
- 按三角形的形状行走（三步）。

孩子们"走形状"时，教师可以举起形状让他们看到，也可以让孩子们自己举起形状。

❖ **玩法二**

教师用粉笔在地上画形状，让孩子们踩着每个角走过去，或者画出更大的、孩子们可以走更多步的形状。

❖ **玩法三**

全班一起玩"跟着领头人"的游戏，走出巨大的形状。

❖ **玩法四**

让孩子们将双臂举起，在空中"画"出大的形状，同时喊出形状的名称，以此来拉伸手臂肌肉。

❖ **玩法五**

铺开各种形状的垫子，播放欢快的音乐。孩子们绕着垫子走、跑、跳。音乐停止或有信号时，他们需要跳到垫子上。这时，教师可以向他们发出指令，例如：如果你在三角形垫子上，那么你就举手；如果你在圆形垫子上，那么你就坐下……

❖ **玩法六**

在房间的每个角落放置不同形状的垫子，然后说"跑到……（制造点悬念）……三角形垫子上（或'跳到正方形垫子上''滑到长方形垫子上'等）"。这时场面可能会有点混乱，但通常很有趣。如果提前说明规则，让孩子们在奔跑时注意不要碰到任何人，那么他们就会避开彼此。

孩子们还可以通过"猜图形"游戏来恢复平静。这时，教师或孩子在空中"画出"一个大图形或"走出"一个图形，其他人则要猜出这是什么图形并模仿相应的动作。

如果教师在接下来的日子里继续提供粉笔和不同形状的垫子,那么孩子们就会在玩耍时重复进行这些活动。

<u>益处</u>

这些活动能够促进孩子们的大肌肉运动技能、空间意识、数学思维、语言、沟通和思维技能等方面的发展。

——珍妮·吉布森

第四章

语言、读写与交流能力

身体活动是提升儿童语言、读写与交流能力的有效途径。当教师在讲述动感故事或进行角色扮演时融入某些词语，孩子们将更容易理解这些词语的含义。在活动中使用闪卡（带有动物、水果、天气、植物、交通工具等词汇或图像的卡片），有助于孩子们更好地理解词义。在挑战性活动或需要解决问题的活动中进行讨论，孩子们的交流技巧能得到进一步提升。

图 3

小贴士

家庭与保育机构中使用的语言较为随意，学校与部分幼儿园中使用的语言更为正式，两者存在很大差异。了解这两种语言风格之间的差异，以及这些差异对孩子入学后的理解与沟通能力的影响至关重要。我们可以通过开展更多包含正式语言和指令的趣味活动，来缩小这一差距。

身体活动如何影响儿童的语言、读写与交流能力

小组和结对开展的体育活动可以促进儿童交流能力和语言技巧的发展。将故事和想象力融入活动，可以进一步拓展儿童对语言的理解和运用。

- 在团队合作、热烈讨论及协同游戏中，孩子们的交流技巧可以得到显著提升。
- 成人在此过程中可扮演榜样角色，孩子们会积极模仿成人所使用的简单手势及肢体动作。
- 正在学习第二语言和准备提升语言技能的孩子们，可以通过身体活动来丰富自己的词汇和提升语言能力。
- 动感童谣让孩子们在重复中掌握新语言，并习得语言的韵律之美。
- 当孩子们沉浸在游戏和身体活动中时，他们能够认真倾听、回忆细节、主动提问，并准确执行指令。
- 孩子们在享受乐趣的同时也在进行沟通——如果感到快乐放松，那么他们就会更愿意开口交流。
- 孩子们可以在与他人的对话中学会轮流发言——这一重要的沟通技巧是他们在小组和结对游戏及活动中逐渐掌握的。
- 孩子们可以通过具体的动作来学习和理解大小等简单概念。同时，为了准确理解和执行指令，他们应该学会使用方位词。
- 动感故事是帮助孩子们理解时态、拓展词汇量和提升叙事能力的绝佳工具。此外，孩子们还可以通过创作自己的故事来锻炼写作技巧。
- 游戏可以作为一种教学手段，帮助孩子们理解简单的手势。研究表明，孩子们在看到成人说话时的手势时，学习语言的速度更快。
- 通过参与各种游戏（如"西蒙说"游戏、障碍赛、动感故事和互动游戏等），孩子们可以学会听从指令。

- 角色扮演能让孩子们在游戏中运用丰富的词汇，激发他们的想象力。
- 游戏可以帮助孩子们区分现实与想象之间的差异。
- 我们可以借助于动作来解释单词的含义和发音。
- 游戏可以与语言和文化层面（如民间故事和歌谣）的重要活动相结合。
- 通过讨论，孩子们将学会如何用语言介绍自己正在做的事情。
- 孩子们在与成人和其他孩子交流自己的活动想法时，会不断地学习和成长。
- 孩子们在参与动感故事活动时，会自然而然地发展语言能力。
- 孩子们可以对成人借助于多种媒介（如音乐光盘、网络上的活动视频等）提供的活动做出积极反应。
- 动感故事和其他活动能够帮助孩子们将句子组织成简短的叙述，提升他们的叙事能力。
- 鼓励孩子们用语言表述他们应对挑战时的思考，这将有助于他们更多地使用和发展语言技能。

阅读

- 鼓励孩子们通过富有想象力的游戏来培养阅读能力和语言技巧。
- 利用精彩的书面故事，激发孩子们参与动感故事活动的热情。
- 用表演的形式呈现童谣、歌曲、诗歌和顺口溜。
- 邀请孩子们一起参与故事的创作，比如改变故事的结局。
- 用词语卡片来引导孩子们做出相应的动作，比如模仿动物、水果等。
- 通过表演词语的含义，帮助孩子们更好地理解它们的意义。
- 开展字母游戏和自然拼读游戏，让孩子们在游戏中提升阅读能力。

写作

- 利用字母游戏和自然拼读游戏，激发孩子们的写作潜能。

- 通过安排书面内容在纸张上的位置来培养孩子们的空间感知能力。
- 鼓励孩子们发挥创意，创作属于自己的动感故事，并亲手写下它们，或者记录关键词，如主要角色、动物名称等。
- 大肌肉运动，如大型绘画，有助于发展孩子们的精细运动技能。
- 让孩子们随音乐的节奏绘画和涂鸦。

孩子们要想写出好字，需要的不仅仅是灵巧的手指。有效的书写还需要良好的姿势和平衡能力来控制手臂和手，需要背部、腹部、颈部和肩部的强壮肌肉来支撑手部的精细动作，需要双侧协调能力来实现双手的同步使用，需要空间感知能力来合理安排纸张上的内容，需要手眼协调能力引导手在纸张上移动。这些能力都是在早期游戏中形成的，过早地强迫孩子坐下来写字，不仅无益于他们提高书写能力，还可能会阻碍他们的自然发展。

与伙伴一起游戏时，孩子们不仅能发展口语表达、沟通技巧和语言理解能力，还能逐渐学会如何与人有效沟通以及运用语言。在游戏的合作与交流过程中，孩子们能够学习如何组织语言，构建句子结构，以及按顺序排列词语，从而造出让其他人能理解并做出回应的句子。孩子们在与成人交流时会跟随成人的指引，尝试运用成人对话中的交流规则。他们会不断尝试，甚至有时会打破规则，但最终能学会运用语法进行有效沟通。此外，通过音乐和童谣（尤其是互动性强的音乐游戏），孩子们可以更加愉悦地学习语言的节奏和结构。童谣还能通过重复的方式帮助孩子们学会更多的单词，这种重复为他们掌握新词汇提供了机会。

许多孩子最初是通过自然拼读法学习语言的。他们先从学习音素开始，然后将音素组合成单词，再尝试造句。为了帮助孩子们更好地学习自然拼读法，提升孩子们学习语言的乐趣，本书提供了许多有趣且富有活力的游戏和活动。

例如，利用动感童谣、动感故事、角色扮演、随音而动以及动作歌曲等，支持孩子们语言和沟通能力的发展，为他们打下坚实的基础，帮助他们更好地运用书面文字来表达自己的想法。

自 然 发 展

在早期阶段，孩子们通过自主运动和积极游戏学习语言和交流的例子如下所示。

- 搭建小屋：孩子们相互沟通，讨论需要什么材料、交流对小屋外观的想法，并进行任务分配，协作完成搭建。
- 角色扮演：孩子们会扮演龙、海盗或鱼等角色。在角色扮演中，他们会相互交流自己的角色和正在做的事情，增进彼此的理解和互动。
- 问答互动：在独自或与小伙伴一起搭建积木和模型时，孩子们会提出问题并尝试回答，通过问答的方式促进彼此的思考和表达。
- 反思与表达：孩子们会通过反思自己的行为或大声说出自己的想法，加深对自身以及周围世界的理解。
- 探索与发现：当孩子们探索新环境时，他们会发现并了解各种植物、地点和动物的名称并学会将其分类。
- 发展动作技能：孩子们会发展精细运动技能和大肌肉运动技能，这些技能支持他们进行各种游戏活动，如攀爬、挖掘、捡拾小物品以及在泥土、沙子和碎石上留下痕迹等。
- 创意绘画：孩子们几乎可以在任何表面（如纸张、水面或任何其他物品）上进行户外大型创意绘画。
- 整理与收纳：在午餐前或一天结束时，孩子们会参与整理玩具和物品的工作，讨论并决定每样物品应该放在哪里，有利于培养他们的责任感和秩序感。

精细动作发展

孩子们需要在掌握精细动作之前，先打下一定的基础。这些基础要素包括：

- 稳定性——力量和平衡能力，使身体的一部分保持静止，另一部分可以移动；
- 感知觉——对手指、手掌和手臂的位置以及它们如何移动的感知；
- 双侧协调——双手协作完成任务。

稳定性、感知觉和双侧协调这些基础要素，是孩子们在出生后通过运动和游戏逐步发展的。趴卧、爬行、跑步、随音乐律动、探索不同的物体和材质，以及其他许多运动都有助于发展此类基础要素。

孩子们同样需要学会计划，清楚自己在做什么，并发育出一个相对成熟的神经系统。此外，他们还需要具备背部、腹部、颈部和肩部的协调性以及强健的肌肉，以强化手和手指的技能。

当这些基本条件具备后，孩子们手部的灵活性就会得到提升。他们将能够运用细小、精准的动作来完成日常生活中的各种任务。

想了解更多有关双侧协调的信息，请参见第一章。

肌 肉 力 量

增强肩部肌肉的力量至关重要，因为它能为孩子们的手和手臂小肌肉群提供稳固的支持。这样一来，孩子们在写字或用剪刀剪纸时就不容易感到疲惫了。要让孩子们多趴在地上活动，锻炼身体。

孩子们应该有机会接触大型运动器械，这些器械不仅能锻炼他们的大肌肉运动技能（这是精细运动技能的基础），还能提升他们的抓握、旋转和操作技能。

> **小贴士**
>
> 在孩子们随音乐舞动时,给他们戴上丝带、围巾或布料。这将引导他们用肩部带动手臂运动,使肩部肌肉得到锻炼(具体可参见第十一章的"彩带舞")。

不愿参与活动的孩子

很多孩子,特别是小男孩,更向往在户外玩球,而不是安静地坐着画画或串珠子。明智的做法是让孩子们在精细运动之前先释放一下精力,或者在大肌肉活动中穿插精细运动。

要利用动感故事让孩子们动起来。比如,你可以让孩子们扮演某个角色或动物,这个角色或动物既要做大幅度的动作,又要完成精细动作任务(例如,一只在树间荡来荡去,然后去吃香蕉的猴子,或者一只在地面上快速奔跑寻找橡果的松鼠)。

> **小贴士**
>
> 在障碍赛中融入精细动作任务,例如设置一个环节,让孩子们用线串一定数量的珠子,或者用镊子夹起同色的绒球并放入另一个容器里,等等。

精细运动技能

为了做好入学前准备,孩子们需要掌握扎实的精细运动技能,以便能够书写和使用剪刀。

为书写做准备的基本技能

- 控制手和手臂姿势的能力、保持平衡的能力
- 抓握力量和手指控制，以便正确握持书写工具
- 眼动控制，使手和眼能够协调移动
- 能遵循指令
- 保持专注的能力
- 正确回忆的能力
- 空间建构的能力

为使用剪刀做准备的基本技能

- 控制姿势的能力
- 开合手的能力
- 双手协调的能力，即一只手作为"操作手"，另一只手作为"辅助手"
- 能够单独移动每根手指的能力
- 手眼协调
- 稳定性

音乐与大型童谣表演活动

音乐有助于孩子们理解语言的节奏。通过随音乐律动，孩子们可以发展出节奏感，并理解词语是如何组合在一起并在句子中发挥作用的。当音乐与语言相结合时，便成为支持孩子们学习语言的有力工具。

大型童谣表演活动，是指我们充满活力地表演童谣，这是一种向孩子们介绍新词语和语言节奏的绝佳方式。大部分童谣包含重复的内容，这与

孩子们的学习方式相契合，即通过重复地听和做来学习和记忆信息。一旦孩子们积累了大量的词语，他们就需要按顺序听一组词语，而不是重复听到相同的词语，如此，他们才能扩展自己的词汇量。因此，了解孩子们已经掌握的词语非常重要，教师需要强化他们对这些词语的正确使用，并在此基础上为他们不断地增加新词语。

想象游戏与角色扮演

想象力的运用不仅能鼓励孩子们进行更多的运动和积极游戏，也能促进他们语言能力的发展。孩子们的语言能力是在听故事的过程中逐渐得到发展的，当他们有机会参与故事创作或自编故事时，他们的语言能力将得到极大的提升。动感故事让孩子们有机会探索自己的想法和感受，并为他们提供了表达情感的通道；角色扮演会在有意义的情境中引入新词语、新的交流方式以及语言使用方式。

榜样示范与交流

孩子们是通过模仿学习的，我们在想象游戏和日常身体活动中所使用的语言和交流方式将帮助孩子们发展自己的能力。孩子们需要先理解指令，然后才能遵守指令，因此，成人有必要事先了解孩子们的交流方式。

为拓宽孩子们的语言接触面，在与孩子们交谈时，成人应引入新词语和常用词语的变式，使用更具挑战性的语言和更复杂的句子。当然，成人也可以根据孩子们的能力调整难度，使句子结构更简单或更复杂（重要的是，为孩子们提供挑战）。

> **小贴士**
>
> 在计划孩子们每周要学习的动作技能时,可以使用闪卡,并尽可能多地展示某个动作词语的不同形式,比如"跳""正在跳""已经跳过了"或"他人跳"。这将帮助孩子们在学习新词语的同时,通过实际表演,结合语境理解词义。通过在动感故事和动感童谣中使用这些词语,孩子们还将理解句子的构成方式。

对话而非提问

与其不停地向孩子们提问,不如与他们进行对话,这将产生更大的效益。这种对话可以是日常对话,与孩子们讨论他们正在做的事情、打算如何实现预期目标、接下来想做什么等。当互动包含更多的对话时,孩子们将有更多的机会拓展语言技能,而成人应该利用这些时机,使用更复杂的句子结构和新词语,为孩子们提供支持。

户外游戏

众所周知,户外游戏对孩子们的身体发育和学习至关重要。孩子们在户外奔跑、发出声音和探索时,其语言能力会自然而然地得到发展。将语言与运动和积极游戏(室内和户外)结合起来,可以让孩子们有许多机会以有趣、愉快的方式使用新的词语和发音。

身体活动创意

以下是一些支持该领域学习的活动类型示例：

- 动感故事——在语境中，跟随成人所说的话语，孩子们将有机会创作故事或为故事贡献内容，并且会相互交流；
- 动感童谣——教孩子们语言内容和语言节奏；
- 闪卡——可以阅读闪卡上的词语并将其表演出来；
- 随音乐律动——做指令性动作或跳舞，结对或分组移动，有助于孩子们了解节奏，为掌握语言的节奏做准备；
- 叙事性舞蹈——根据故事情境做动作；
- 需要彼此交流的结对或小组活动；
- 想象游戏——涉及幻想物、动物、超级英雄等内容的活动；
- 听从成人指令并模仿其语言；
- 学习轮流参与，教会孩子们轮流发言；
- 角色扮演，有利于孩子们发展语言能力和学会交流；
- 寻宝游戏；
- 字母和自然拼读游戏；
- 大型绘画、绘图和标记制作活动；
- 随音乐绘画或绘图。

活动创意

第十一章中支持这一学习领域的活动包括：

➢ 动感字母

➢ 动感骰子

- 动感故事
- 停球游戏
- 头肩膝脚趾碰碰碰
- 猫咪与兔子
- 接球乐
- 颜色游戏
- 神奇弹力圈
- 字母跑圈
- 魔法石头与巨人（藏点游戏）
- 迷你瑜伽
- 小猴摘果果
- 随音乐律动
  - 音乐雕像冠军
  - 羽毛飞舞
  - 随音而动
  - 彩带舞
  - 叙事性舞蹈
- 音乐小组
- 数字圆圈
- 东南西北风
- 道具模仿
- 影子游戏
- 慢动作
- 超级英雄救援
- 小船游戏

迷你瑜伽

在工作过程中，我发现用瑜伽动作演绎的动感故事深受孩子们的欢迎，同时也是鼓励他们参与更多运动和互动的绝佳方式。

起初，我应用了各种可以购买的瑜伽资源，虽然它们很不错，但我一直在不断地调整它们，使它们更适合年幼的孩子。在与孩子们进行各种互动的过程中，我逐渐意识到，我一直在开发一种新的瑜伽资源。于是，迷你瑜伽应运而生了。

迷你瑜伽需要用到一套简单的彩色卡片。每张卡片都展示了一个不同的瑜伽简化动作；每张卡片都有动作的图示和名称，这样孩子们就能将教师说的话与文字对应起来；每张卡片的背面都有对该动作及其益处的解释，每个人都可以拿起并使用它。

瑜伽通常被认为是一种令人平静和放松的活动，这也是迷你瑜伽的功效。通过挑选一系列（3~4个）瑜伽动作来编创一个故事，可以激励孩子们进行大肌肉运动，发挥想象力，促进他们语言和交流能力的发展，培养他们的创造力，并激发他们对运动的热爱。孩子们喜欢扮演飞机，单脚站立，双臂向两侧展开模仿机翼。虽然对于许多孩子而言，这可能是一个具有挑战性的姿势，但如果他们有足够的练习机会，他们的进步速度会令人惊讶。他们喜欢假装自己是树，单脚站立或单脚加另一只脚的脚尖站立，在风中挥动树枝般的手臂，在被"砍倒"时倒下，然后再次"生长"。对于孩子们而言，诸如从慢到快，再到静止，以及上下前后移动的动作，对他们身体控制能力的发展至关重要。孩子们喜欢模仿猫咪喵喵叫或狮子咆哮，这能让他们充满活力；他们还喜欢在课程结束时蜷缩起来，假装自己是一块岩石，让自己平静下来，为下一节课或活动做准备。

出人意料的是，许多教师将原本针对学龄前儿童开发的迷你瑜伽应用到了年龄较大的孩子身上。他们利用这一资源，让孩子们拥有创造和编写迷你瑜伽故事的机会，并享受主导活动的乐趣。

相关证据表明，迷你瑜伽不仅有助于儿童发展平衡能力和力量，还能激发他们的思维、创造力，增强他们对世界的认知以及社交能力，并帮助他们在活动中收获乐趣。想了解迷你瑜伽的更多益处，请参阅第二章的"运动中的美学：舞蹈和体操"。

非洲的"迷你瑜伽"

我曾在一所双语社区学校——奥尔班学校，花一个上午的时间组织孩子们开展迷你瑜伽活动。那是一个炎热且阳光明媚的日子，学校里的40名孩子跟我一起在户外伸展身体、保持平衡并尝试各种迷你瑜伽的姿势。随后，他们被分成了几个小组，每组获得了3张不同的迷你瑜伽卡片，而且接受了挑战——创作某个故事，并在课程结束时为全体同学表演这个故事。

学校的工作人员鼓励孩子们每天进行户外活动和游戏，他们通过此次活动了解了身体活动对语言发展的益处。孩子们喜欢发挥创意创作故事，也喜欢其中的身体活动环节，教师们还可以借此分辨学校里的哪些孩子具有竞争意识。

我非常享受体验非洲风格的迷你瑜伽，也为孩子们在发挥想象力和创造力时能如此快乐而感到高兴。

 **动感故事与主题式循环活动**

我已从教4年，既教过早期教育阶段的孩子，也教过小学一、二年级的孩子。我热爱体育教学。在参加专业可持续发展培训课程后，我学会了在课堂上引入许多动感故事和迷你瑜伽姿势。本周，我们班的孩子学习了辅音"p"的发音，而班里正好有《海盗皮特》(*Pirate Pete*)的故事书，于是，热身活动的主题被定为"发出'p'音的海盗皮特"。我

和孩子们用迷你瑜伽动作扮演了一艘船、一个宝箱、一位与带着猫的勇士决斗的独腿海盗。活动期间有很多机会练习俯卧和站立平衡，这让孩子们非常喜欢。随着孩子们的成长，我们会在接下来的几周继续开展这样的活动，并丰富故事内容。

现在我已经习惯了使用瑜伽动作，而且我发现只要充分地发挥创意，就能轻松地把每个瑜伽姿势变成有趣的动作。以下是我曾经尝试过的创意玩法。

创意玩法

❖ **玩法一：恐龙与小昆虫循环活动**

我曾在快速循环活动中，将基本动作练习与恐龙和小昆虫联系起来，比如让孩子们想出一种动物，然后思考它移动的方式，接着让孩子们在引导下将这些动作与我希望他们练习的基本动作联系起来。

每项活动持续1分钟，活动间隔30秒，活动时间和挑战难度逐级增加。

❖ **玩法二："捉狗熊"体育课**

另一项深受孩子们喜爱的活动是与文学主题相关的体育课。我们在计划与《我们要去捉狗熊》(*We're Going on a Bear Hunt*)*相关的课程时，安排了"捉狗熊"体育课，并让所有孩子都带来了玩具熊。我们利用这个故事，准备了一些以熊为主题的童谣和歌曲，以及降落伞道具，并融合了这些元素，比如："十只小泰迪熊在床上跳"（孩子们将玩具熊放在降落伞上）和"像只泰迪熊在花园里绕圈圈"（孩子们以不同的方式带着玩具熊移动）。

---

* 该书的简体中文版已由河北教育出版社于2020年出版。——译者注

❖ **玩法三：障碍赛**

在"健康生活"这一主题下，孩子们先在室内体验了角色扮演，然后到户外搭建了障碍赛赛道（我事先为他们提供了许多轮胎、木板、踏脚石等道具）。他们非常喜欢这个游戏（障碍赛极大地锻炼了他们的平衡能力，该活动完全由孩子们自主发起）。孩子们还自行增加了挑战难度，即在不接触地面的情况下完成障碍赛。

益处

这些活动有助于促进孩子们的大肌肉运动技能、语言与沟通能力、表现艺术与设计能力、创造力、对世界的认知与理解，以及个性与社会情感、数学能力、问题解决能力和思维能力等方面的发展。

——珍妮·格里

第五章

个性与社会情感发展

与其他儿童或成人一起玩耍构成了孩子们最初的社交体验。在此过程中,他们会学习如何相互尊重地进行互动,如何沟通与合作,如何分享以及轮流参与。他们会发展出创造力与独立性,并学会应对输赢,这些都是重要的人生课程,能为他们日后参与体育活动、社交互动,以及面对生活中的各种挑战做好准备。

社交能力
通过团体与小组游戏

感受/情感
通过动感故事

韧性
通过关注过程

自信
通过克服挑战和获得成就

专注力
通过规律性活动

应对挑战和变化
通过参与各种具有挑战性的活动

自我意识和身体意识
通过空间感知活动

压力释放
通过保持活跃

同理心和同情心
通过团体活动

行为影响
通过规律的体育活动

尊重他人
通过团体活动

自由表达
通过自主游戏

图 4

身体活动如何影响儿童的个性与社会情感发展

当孩子们游戏和运动时,他们正在学习重要的社交技能,通过获得小成就培养自我意识和自尊心。

- 当孩子们达到新的里程碑或完成既定目标时,其自信心和自尊心会受到鼓舞。游戏和身体活动能够给孩子们提供很多这样的挑战。

- 孩子们学会坚持完成一项任务或活动,并意识到失败是成功的一部分,这样的体验有助于他们培养韧性。
- 学龄前儿童通过结对或分组参与游戏和身体活动来学习重要的社交技能。
- 全天保持有规律的身体活动有助于提升专注力。
- 研究表明,保持活跃有助于缓解压力并促进放松,减少恐惧、焦虑和易怒情绪。
- 孩子们天生就需要定期进行活动,允许他们多活动会对他们的行为产生积极影响。
- 游戏和身体活动是教育孩子们重视自身健康和福祉的重要工具。
- 通过利用身体部位、周围的空间以及人际互动,孩子们能够发展对自己身体、自我意识和自我价值的理解。
- 与他人的互动将支持孩子们学会分享、理解他人、支持他人,并培养他们的同理心和怜悯心,让他们学会捕捉他人的需求。
- 在群体环境中进行运动和积极游戏,可以让孩子们在愉快的体验中学会理解情绪、尊重他人和明确人与人之间的界限。
- 鼓励孩子们在游戏时理解和认识自己的成就,有助于增强他们的自尊心和韧性。
- 身体活动和游戏能帮助孩子们学会积极应对挑战和变化。
- 小组活动有助于孩子们学会承担责任。
- 通过身体活动,孩子们能学会包容群体的异同(涉及文化、宗教、性别、残疾等)。
- 运动和积极游戏能够帮助孩子们自由地表达自己的兴趣、观点和需求。
- 在进行身体活动时,孩子们能学会轮流参与,变得更有耐心,并知道并非所有结果都会达到预期,这些都是重要的终身技能。
- 孩子们在群体游戏和活动中,能理解规则的重要性,学会辨别是非以及预测行为后果。
- 运动和积极游戏能以非威胁性的方式治愈情感伤痛。
- 孩子们可以通过动感故事和角色扮演来理解情绪和感受。

研究表明，身体活动和游戏能刺激人体大脑中负责高级情绪调节的部分[1][2]，从而改善情绪和压力管理；它们还能延长注意力持续时间，并帮助孩子应对挫折，这些都能对孩子在园的学习表现产生积极影响。研究还发现，不仅正式的体育课能对此产生影响，日常的、非结构化的身体活动，尤其是户外活动也能产生积极影响。

小贴士

如果孩子们需要坐着专注地学习，不妨在课程中间穿插一个与学习内容相关的、简短的、充满活力的运动。这能帮助他们更长时间地集中注意力，改善他们的学习效果。

自信与自尊

尽管孩子是唯一能掌控自己自尊与自信的人，但是照顾他们的成人有责任为其创设适宜的环境和活动，帮助其培养这些品质。具有挑战性且难度适中的活动，对孩子而言是十分必要的。缺乏挑战的孩子可能会感到无聊，因此产生不良行为；而无法完成任务的孩子可能会放弃或感到沮丧，从而产生不良行为。这两种情况都会对孩子的自尊产生负面影响。在适宜

---

[1] Play England (2008) 'Chapter 3: The Importance of Play in Children's Lives.' *Play for a Change*.

[2] Pellegrini, A.D. and Bohn-Gettler, C.M. (2013) 'The benefits of recess in primary school.' *Scholarpedia 8*, 2, 30448.

的环境中，孩子将拥有巨大的潜力来发展自己的自尊、自信、韧性和问题解决能力。

> **小贴士**
>
> 早期阶段的儿童发展速度各不相同，教师有必要在结构化的身体活动中采用差异化教学，使用 PATTER（参见第一章）等工具为不同能力的孩子制订计划。想了解更多详情，请参见第一章。

以下是成人支持孩子们发展自信心与自尊心的一些方法。

- 关注过程而非结果——这样孩子们能学到更多，也能有更多机会获得成就和认可。
- 请记住，孩子们的许多方面（包括社交、情感和身体等）都仍在发育中。了解他们的个体需求和能力将帮助你更好地了解如何支持他们。
- 对错误持积极态度，并鼓励坚持不懈。
- 让孩子自己完成任务，只有在他们请求帮助，存在受伤风险（自己或他人），或者你觉得施以援手就能教会他们一些有用的东西时，再或者在他们因为遇到难题而停滞不前，需要你推动他们一下时，才介入其中。
- 允许孩子们意识到自己的成就，鼓励他们反思自己学到了什么、取得了什么成就，以及他们对这些经历的感受。这样做比总是告诉他们你觉得他们做得有多好，对他们的影响更大。
- 提供更多开放式的机会，让孩子们通过主导活动和发挥创意来树立自信。
- 安排一对一活动和给予个别关注的时间，因为积极的关系和依恋将为孩子们外出冒险、探索和挑战自我提供信心支撑，最终助力他们形成良好的自尊心。
- 你的行为和自我形象会对你照顾的孩子产生影响。请做一个快乐、投入、体贴且自信的榜样。

即使是成人，在完成或大或小的任务时产生的成就感，也会极大地提升其外在的自我形象和内在的自信心。当孩子们接住球、完成障碍赛、爬到树上、用箱子搭起一座桥时，他们都是在了解自己的能力。在与其他孩子一起完成这些活动时，他们还能学会轮流参与、与他人沟通、解读他人情绪、尊重彼此以及习得领导和服从的艺术。

定期设置小挑战，有助于孩子们成长和发展。然而，除了总是自己设置挑战并在挑战完成后给予奖励外，还应支持孩子们发展自我挑战的能力，学会识别自己的成就。

韧　　性

韧性有助于我们应对生活中的各种挑战、困难和变故。它让我们变得坚强，即使身处逆境也能以积极的态度面对生活。有韧性的孩子会更快乐，不容易出现抑郁和焦虑等问题，而且更有可能在成年后一直以积极的态度面对生活。

我们需要通过运动和积极游戏来支持孩子们变得更加具有韧性。

- 让孩子们明白犯错没关系。孩子们不是一次就能成功的，他们需要反思，学习解决问题，这会让他们变得更强大，并让他们一生都能更好地应对逆境。
- 在孩子们以往获得成就的基础上设置小挑战，并提醒他们迄今为止已经取得的进步，这将帮助他们不断前进，调动他们既有的问题解决能力和坚持不懈的品质。
- 允许孩子们找到他们真正喜欢的身体活动，这不仅能为他们打下终身热爱运动的基础，还将帮助他们了解自己的能力，并对自己提出更高的挑战。
- 儿童在游戏和进行身体活动时会与其他儿童互动。通过这些互动，他们建立了积极的关系，这种关系对培养他们的终身韧性至关重要。
- 在适宜的环境和积极的支持下，孩子们能够专注于自己能做的事情，而不是自己不能做的事情。有韧性的人不会过多地纠结于自己的"失败"，而是会重新站起来，继续前行。
- 与孩子们一起参与他们喜欢的活动，将有助于你更好地了解他们，并且对你们之间的师幼关系大有裨益。成人与儿童之间的积极关系，将为儿童的韧性发展奠定基础。
- 自主游戏，以及给予孩子们选择活动或参与创造活动的机会，将使他们产生责任感，增强他们的决策能力，进而使他们变得更加自信。
- 有计划的身体活动和体育课将确保所有孩子参与其中，有助于他们尝试新的活动，发现自己的喜好，并更加了解自己的能力。在与一群孩子一起活动时，务必实施差异化教学，让他们在面临挑战的同时，也能找到难度适合自己的活动。
- 积极锻炼身体，保证饮食合理和睡眠充足，将有助于孩子们应对日常挑战。

如果孩子们只关注结果，就会忽视过程中的点滴进步，一旦结果不如预期，他们就会感到气馁。为孩子们提供一个安全、充满关爱的环境，让他们能够解决问题、试错，将促使他们挑战自我，树立尝试新事物的信心。孩子们能从错误中学到很多，如果具备坚持不懈的品质，那么他们将受益终生。

切勿低估孩子们的能力。如果我们信任他们，他们就会信任自己，也会做得更好，更愿意满足我们的期望。每个孩子都是独一无二的，我们只需要给予他们机会，让他们去发现自己擅长和喜欢的事物。在适宜的环境下，所有孩子都会茁壮成长。

行为与心理健康

我们总是花太多时间要求孩子们静坐不动、安分守己、不乱摆弄,以至于有时会忘记,他们需要通过运动来成长、发展和学习。要求他们表现得不自然,可能会导致其产生不良行为。当你看到儿童一刻不停地玩耍时,有多少次你会想"我如果也能有这么多精力就好了"?他们的精力确实无穷无尽,如果我们不允许他们活动,这些精力就会转移到别处,变成不良行为。

请记住,每个孩子都是独一无二的,在我们初次与他们见面之前,他们各自有着不同的人生经历。独生子女在家里可能没有太多机会学习如何与他人互动以及轮流参与,他们也不明白为什么不能总是得到自己想要的东西。事实上,这些都是他们需要学习的技能,相较于非独生子女,他们可能需要更长的时间来掌握这些概念。他们可能是班级里第一个获得新技能和新体验的人,他们需要学习独立、决策等技能,而之前他们是大家庭里最小的孩子,一切都由别人代劳。如果你了解孩子以及他们迄今为止的生活经历,你将能更有效地支持他们的成长和发展。

学龄前儿童必须学习与情绪相关的知识,培养情感素养。由于每个孩子的性格、生活境遇和经历各不相同,有些孩子可能很容易"融入集体",而有些孩子可能需要很长时间才能发展出情感素养。后一类孩子可能会"情绪爆发",或者经常产生不良行为。

小贴士

提供一些有助于孩子们理解自身感受的活动,比如角色扮演、动感故事以及包含快乐、悲伤和愤怒等情绪的游戏。孩子们会觉得这些活动既有趣又没有威胁性。

创造性游戏和身体活动也有助于儿童执行功能和自我调节能力的发

展，这两项能力对于其控制情绪和应对困难局面至关重要。通过运动和积极游戏，尤其是户外游戏，孩子们可以表达愤怒，表现出破坏性以及在大多数情况下不被接受的情绪。给予孩子们自由，让他们表达自己内心的情绪，有助于他们习得合理的行为举止。

行为管理技巧

- 表扬孩子们。作为关心孩子们的成人，你会发现自己经常不由自主地表扬他们。但有时，孩子们可能会通过负面行为来寻求关注。寻求关注表明存在问题，如自尊心低、存在家庭问题或缺乏积极的人际关系。通过表扬孩子们所做的事情或正在做的事情来转移他们的注意力，可以化解这种局面，同时加强你们之间的关系。
- 鼓励孩子们认识到自己的成就并表扬自己。
- 使用积极的语言。注意避免使用消极的语言或严厉的语调。孩子们从我们这里学到的东西远不止我们教给他们的。
- 让身体活动或其他形式的活动在保持适当的同时充满趣味。
- 实施差异化教学，以适应所有孩子的能力、兴趣和参与度。
- 参与活动，与孩子们一起享受乐趣，以建立积极的关系并树立良好的行为榜样。
- 避免对个别孩子给予特殊关照，但尽可能安排一对一的教学时间。
- 对孩子们存有合理的期望。你越了解他们的需求、能力和兴趣，效果就越好。
- 通过定期的冒险游戏，为孩子们创造自我调节的机会。

情 感 素 养

幼儿需要被引导认识自己的感受，从而学会理解自己的情绪，成长为能恰当地表达自我、在社会情境中调节自身行为并富有同情心和同理心的成年人。

> **小贴士**
>
> 关于情感的动感故事、歌曲和动感童谣能够帮助孩子们更好地理解情绪。孩子们也可以通过日常的活动和群体游戏来增强自己的情绪认知能力。

自我调节

自我调节是指识别、控制和修正自身行为、情绪和思维的能力。它能使我们恰当地应对各种情境，具有挑战性的情境可以教导孩子们学会坚持、保持耐心和认识自我。孩子们可以通过身体活动来学习自我调节，这对他们而言是有益的，因为他们需要在身体活动中意识到自己的极限，并借此知道自己需要在多大程度上激励和挑战自己。

越来越多的研究表明，经常在户外玩耍的孩子更擅长自我调节[1][2]。户外游戏还有助于孩子们保持冷静，发展语言技能，并减少行为问题。

独 立 性

我们最终期盼孩子们成长为独立的成年人。在培养独立性之前，我们应该先让孩子们学会自信，支持他们对自我和自己的能力产生良好的感

---

[1] Play England (2008) 'Chapter 3: The Importance of Play in Children's Lives.' *Play for a Change*.
[2] Pellegrini, A.D. and Bohn-Gettler, C.M. (2013) 'The benefits of recess in primary school.' *Scholarpedia* 8, 2, 30448.

觉，赋予他们责任，并允许他们在不引起大麻烦的情况下从错误中学习，这将培养出独立的儿童，进而培养出独立的成年人。

自我主导的游戏对培养孩子们的自信心至关重要。赋予他们责任，给他们提供为活动做出贡献的机会也很重要。即使没有大量的研究证明这一点（这方面的研究有很多），我们也可以在与孩子们的户外相处中非常明显地感受到其重要性。

自 然 发 展

以下是孩子们通过自主运动和积极游戏进行学习，以促进其个性与社会情感发展的例子。

- 当孩子们攀爬时，他们会集中注意力，专注于解决问题，学会相信自我和自己的能力。他们会挑战自我，这样当到达顶端或想到达的地方时，他们就会收获满满的成就感，并增强自信心。在这个过程中，孩子们可能会感到害怕，但只要勇往直前（即使没有得到他人的鼓励），他们就能培养出韧性，并发现自己能做到的超过自己的预期。
- 他们将通过角色扮演、想象游戏和动感故事来了解他人和社会。
- 他们将探索大自然，这有助于他们感到平静，自由地运用肢体和情绪表达自我。
- 他们会扔球和踢球，当球落在他们想要的地方，或者他们成功地接住球时，他们会产生成就感。
- 如果孩子们需要把球或物品扔给他人，并在对方扔回时接住球或物品，那么他们就会与其他孩子进行沟通，尊重对方的空间，不把球扔到对方脸上或用力过猛，遵守活动中的社交规则。
- 尝试参与障碍赛和修整赛道会让他们收获极大的成就感和自我价值感。
- 他们将与其他孩子合作玩游戏，学习分享、轮流参与和尊重彼此。通过与其他孩子一起玩耍，以及结对或分组玩有趣的游戏，他们能够习得社交技能。

- 户外环境提供了许多开放的机会，让孩子们探索自己的能力，创造并尝试新事物。

- 当使用建构玩具或自然材料进行搭建时，孩子们需要解决问题，做出各种决定，并认识到犯错是正常的，甚至将其视为经验的一部分。

- 跑、跳、爬、匍匐、跨、蹦等动作有助于孩子们发展敏捷性、平衡能力、协调性和空间意识。孩子们会变得更加精通体育活动以及其他许多活动，这还有助于培养他们的自信心和自尊心，让他们乐于参与社交活动，变得独立且有韧性。孩子们需要很多机会才能活跃起来，这些机会使他们能获得适当的发展，与同龄人开展平等互动。如果在发展上落后于同龄人，这会对他们的自尊心产生负面影响，并影响他们的余生。

- 孩子们需要使用真实的工具，当他们被信任和被允许使用成人在生活中使用的器具时，他们的自信心就能建立起来，他们也会在这个过程中学会自律。当然，成人应该事先告知孩子们哪些工具可能是危险的。由于被信任和被赋予责任，孩子们的独立性得以发展。

社 交 技 能

运动和积极游戏包含许多需要孩子们结对或分组开展的活动，它们既出现在孩子们自我主导的活动中，也出现在成人主导的活动中。孩子们将通过解决各种社交问题（如：谁来领导？谁来跟随？我们要一起工作吗？谁可以参与？我们要做什么？）来理解与他人交往的规则。

孩子们将学会彼此合作，与其他成人合作，并为实现团队目标而非仅仅满足个人需求做出贡献。他们将学会妥协、自我调节和尊重彼此，发展自我意识、同情心和同理心，并发展终身所需的情商和归属感。

此外，孩子们还需要：理解和尊重他人的空间和界限，这是他们在年幼时通过社交互动学到的；培养良好的空间意识，这能使他们意识到自己与他人在空间中的相对位置。如果孩子们在早年没有进行足够的运动和游戏，或者患有影响视力的生理疾病，那么他们可能无法形成良好的空间意识。

孩子们需要在群体环境中学习如何与他人互动，并学会理解自己和他人的情绪。许多这样的技能是通过小组和结对的运动及游戏来习得的。他们还可以通过与成人互动以及跟随成人的引导来习得这些技能。以下是孩子们需要学习和发展的社会情感技能：

结对 / 分组 / 组队	镜像（模仿表情或动作）	共同解决问题
描述 / 谈论活动	与他人一起移动	自我意识
讨论问题	持有（物品）	自我照顾
同理心	见面与告别	轮流意识
关注	遵守规则	责任感
关心	解决问题	自发性
挑战	反馈	反思
模仿	跟随	牢记
创造	独立	重复
决策	互动	尊重
鼓励	领导	记分
享受	倾听	观察
评估	表扬	分享
探索	信任	参与

身体活动创意

支持孩子们个性与社会情感发展的身体活动多种多样，不胜枚举。以下是一些支持该领域学习的活动类型示例：

- 动作歌曲
- 动感童谣
- 动感故事
- 孩子们可参与并做出贡献的活动
- 孩子们能获得成就感的活动
- 身体意识活动
- 情绪认知活动
- 小组活动
- 感官活动

活动创意

第十一章中支持这一学习领域的活动包括：

➢ 动感字母
➢ 活动骰子
➢ 动感故事
➢ 瞄准与得分
➢ 停球游戏
➢ 沙包接力赛
➢ 接球乐
➢ 神奇弹力圈

- 迷你瑜伽
- 小猴摘果果
- 随音乐律动
  - 音乐雕像冠军
  - 羽毛飞舞
  - 随音而动
  - 彩带舞
  - 叙事性舞蹈
- 音乐小组
- 数字圆圈
- 东南西北风
- 道具模仿
- 影子游戏
- 超级英雄救援

超级英雄凯文

我在伯明翰市中心的一所学校度过了一天,为该校的两个学前班和两个一年级班(英国小学关键阶段1)开展户外活动课程。我带领孩子们进行高强度的身体活动,这些活动充满想象力,能锻炼体能,并包含迷你瑜伽。

在另一位教师的陪同下,第二个学前班也加入了我在户外区域开展的活动。这位教师是来帮助有特殊需要的孩子凯文参与活动的。凯文患有唐氏综合征。他和同学们一起享受身体活动,尝试新的动作,并发现使用身体的新方式。他喜欢所有的活动,在"超级英雄救援"中,他几乎按捺不住内心的激动。

"超级英雄救援"是一项充满活力的活动,我们假装自己是超级英雄,飞到世界各地,在整个户外区域奔跑,拯救人类和其他生物(具体活动请参见第十一章)。我们每个人决定自己要扮演什么英雄,站在自己的位置上摆出超级英雄的姿势来补充"超能力",并像超人一样举起双臂在空中飞翔。凯文非常喜欢扮演超级英雄,在活动结束后,当其他孩子都走回教室时,他却坚持要像超级英雄一样飞翔。

动感故事能为孩子们打造激动人心的、引人入胜的活动。这些活动具有包容性,孩子们可以按自己的能力参与不同难度的活动,并承担不同的责任,比如演绎故事情节,或者帮助那些身体发育水平不如自己的同伴。

凯文被视为活动参与度中等的孩子(通常不会完全投入活动)。他的体能一般被认为落后于同龄人,需要额外的支持。由于凯文喜欢扮演超级英雄,并且所有孩子都可以按自己的能力参与不同的活动,所以他能独立参与"超级英雄救援",并感受到自己完全融入其中。无论孩子是患有某种疾病,还是仅仅因为缺乏足够的身体发育机会,成人都有必要为他们提供多种活动,让不同能力的孩子参与进来。感觉到自己是团体中的一部分,对他们而言是非常重要的,他们在共同玩耍的过程中会相互学习、交流和支持,并获得愉快的体验。

身体意识与想象运动

我担任运动教练已有9年,其间曾在欧洲和美国工作,为各种教育机构提供体育和身体活动方案及服务。几年前,我参加了专业可持续发展培训课程,并在实践中运用了我从课程中学到的大部分知识,同时也与其他教师分享了我的实践经验。

玩法一:身体滚球

给每个孩子分发一个小球,让他们熟悉这个球。

1. 用身体的不同部位滚动小球；

2. 绕一条腿滚动小球，然后换另一条腿；

3. 绕腹部滚动小球；

4. 在地板上以"8"字形滚动小球；

5. 在地板上绕圈滚动小球；

6. 将小球从左手传到右手。

❖ **差异化教学建议**

- 更换大小不同的球；
- 两人一组——背靠背坐着，互相传球；
- 可以坐在地上或站着。

玩法二：锅中的煎饼

孩子们每人一口锅（用标志物代替）和一个煎饼（用沙包代替）。

1. 让他们用双手握住标志物，就像拿着一口锅一样；

2. 把沙包放在标志物里，然后用"锅"抛起"煎饼"；

3. 一定要接住煎饼；

4. 计算接住煎饼的次数。

❖ **差异化教学建议**

- 把手当作盘子；
- 两人一组抛接煎饼（开始时相距不要太远，熟练后可逐步增大间距）；
- 将沙包换成小球；
- 让小球在"盘子"里弹起并接住它。

❖ **益处**

此活动能发展孩子们的大肌肉运动技能、精细运动技能、抛接能力、身体意识、空间意识、社交技能、沟通能力以及轮流意识。

❖ **本活动涵盖的学习领域**

- 表现艺术、设计思维与创造力的发展
- 对世界的认知与理解
- 语言、读写与交流能力
- 个性与社会情感发展
- 数学与计算

玩法三：农场生活

1. 布置一个"农场"，场地内需散落不同的"食物"（彩色圆锥体、小圆点或标志物），在"农场"右侧设置入口，左侧设置出口。

2. 在出口附近设置一个用于存放食物的区域。

3. 将孩子们分成4～5人的小组，为每组分配一种动物。

4. 成人喊一种动物（已分配给某个小组）的名称。听到指令后，该小组的孩子开始奔跑，从入口进入"农场"并拾取一种"食物"。

5. 然后他们离开"农场"，将"食物"放在对应颜色的区域，并返回起点。

6. 每个小组都轮流进行一遍。

7. 等所有小朋友都轮过后，请他们帮忙再次在"农场"里种植"食物"。他们会拿起一种"食物"并将其放置在"农场"的某块区域中。

8. 进阶玩法：从分配动物角色开始，但这次要求孩子们模仿动物的声音并将其表演出来。

9. 等所有小组都轮过后，再次重复听指令并奔跑收集"食物"的游戏。

10. 进阶玩法：重复最初的游戏，但这次成人要告诉孩子们需要收集什么颜色的"食物"。

❖ **益处**

此活动能发展孩子们的大肌肉运动技能、精细运动技能、空间意识、社交技能、沟通能力、倾听能力以及轮流意识。

❖ **本活动涵盖的学习领域**

- 表现艺术、设计思维与创造力的发展
- 对世界的认知与理解
- 语言、读写与交流能力
- 个性与社会情感发展

——刘易斯·米勒

第六章

对世界的认知与理解

对世界的认知与理解是在运动与积极游戏中发生的。孩子们并非通过成人的讲述或书本了解周围的世界,而是通过亲自发现、探索与体验来学习的。许多孩子几乎没有机会与家人一起探索不同的环境,他们的大部分体验来自电视屏幕。参加森林学校活动,或在去公园游玩的途中路过当地的果蔬店,不仅能让孩子们动起来,还能帮助他们理解周围的世界。

图 5

身体活动如何影响儿童对世界的认知与理解

当孩子们沉浸在游戏与运动中时,他们会发现许多关于周围世界的奥秘,包括认识自己、他人、自然界,以及他们可能接触的各种材料。

- 通过活动,孩子们能够更好地理解人、物、地点和文化的异同,以及世界其他方面的相似性和差异性。
- 在动感故事中扮演不同的人(如不同职业、不同国家的人,以及不同

第六章 对世界的认知与理解

的社区邻居等），是一种轻松有趣的学习方式，能让孩子们更好地了解本地、本国乃至全球的情况。

- 通过参与设计动感故事或想象游戏的情节和结局，孩子们会运用自己的知识和兴趣，进一步了解自己已知或未知的内容。
- 通过利用废旧物品（如盒子、瓶盖等）开展游戏，孩子们可以学会回收物品和保护环境。
- 孩子们会通过探索周围环境以及环境中的人，来促进自己的身体发育；他们的身体越强健，探索的范围就越广。
- 自主游戏能让孩子们根据自己的兴趣，以适合自己的节奏来探索周围环境，这对他们至关重要。
- 孩子们通过使用或自制能发出声响的物体进行游戏（如摇晃、敲打等），以了解不同的声音、音量和音调。
- 通过操作真实生活中的工具和物品（如给茶壶盖上盖子等），孩子们可以更好地理解周围的环境，培养自己的创造力。
- 孩子们操作带有按钮和其他机关的玩具，不仅能发展精细运动技能，还能对信息与通信技术有初步的了解，并提升相关的技能。
- 利用媒体工具（如CD*播放器、网络上的活动和舞蹈视频）来鼓励孩子们动起来。这样做不仅能让他们了解媒体及其多样性，还有助于他们了解不同类型媒体的工作原理。
- 通过合作，孩子们会运用想象力和创造力去解决问题，这不仅有助于他们相互了解，还能让他们学会团队合作。
- 园艺活动能让孩子们亲近自然，了解植物的生长过程和生命周期。
- 结合食物、种植以及相关的讨论，让孩子们更好地认识自然。
- 旅行主题的游戏（涉及汽车、自行车和飞机等）能激发孩子们对不同

---

* 英文全称为"Compact Disc"，中文意思为压缩光盘。——译者注

地方的好奇心，了解如何到达目的地，并初步理解距离的概念。同时，这些游戏还能拓展孩子们关于交通安全、当地环境的知识，使其具备全球视野。

- 户外游戏能让孩子们接触各种植物和动物，培养他们的观察力和好奇心。
- 定期的户外游戏有助于孩子们感受周围世界的变化，如寒冷、炎热、晴天、雨天以及四季更替。
- 通过讲述关于天气、季节、白天和黑夜、动物和植物的动感故事，能够寓教于乐，使孩子们的学习变得更有趣。
- 身体意识游戏，能让孩子们更好地认识自己的身体部位，以及它们是如何协同工作的。
- 通过动感故事、随音乐律动、歌曲和游戏，孩子们可以更加直观地了解自己的感官。
- 小组活动不仅能促进孩子们之间的友谊，还能支持其学习科学和数学，例如讨论哪些动物吃草、有多少种不同的食草动物，以及其他动物的食物从何而来等。
- 瞄准和投掷游戏可以让孩子们了解不同物体的特性，如材质、大小、形状以及重量等。
- 利用自然材料和废旧物品设计的障碍赛，不仅能锻炼孩子们的身体素质，还能让他们熟悉各种自然材料和人造材料，培养他们的环保意识。

角色扮演和动感故事同样能帮助孩子们进一步了解更广阔的世界，比如海洋、丛林、沙漠、其他国家，以及社会上不同人的角色（如医生、消防员或他们的祖父）。了解其他地方或人群有助于他们变得更加宽容和善解人意，并学会关爱他们的环境。此外，如果孩子们能在运动中享受乐趣、发挥创意和使用想象力，那么他们将学得更好，也更有可能记住这些信息。

孩子们在早期阶段学习的很多东西，将为他们未来探索科学、地理及信息与通信技术奠定基础。

认识和理解世界的各个方面

动物

- 我们所熟知的动物（宠物）等
- 来自不同国家的动物
- 小型昆虫
- 陆生动物
- 鸟类
- 鱼类
- 蝴蝶、蠕虫或青蛙的生命周期

通过运动和积极游戏，我们可以扮演不同的动物，创编关于动物及其周围环境的故事（比如丛林中的老虎，或者农场里的动物），让它们的形象变得鲜活起来，帮助孩子们了解和理解它们。

> **小贴士**
>
> 在体育课或结构化活动中使用动物元素，不仅能激发孩子们的想象力，使活动更加有趣，还能帮助孩子们了解动物世界。

当孩子们在花园、森林、公园和海边等环境中探索时，他们会自然而然地了解鸟类、鱼类、昆虫以及其他本土生物的相关知识。

颜色

- 创造不同的颜色
- 自然界中的颜色

大型绘画、绘图和标记制作活动既有趣又充满活力。孩子们在花园、森林、公园和海边等环境中探索时，会自然而然地了解各种植物和动物，以及多种多样的颜色。

植物

- 生长
- 种子
- 差异性与相似性
- 植物生长所需的条件
- 我们的食物来自哪里
- 植物的某个部位（如花冠）

孩子们通过种植和园艺活动能学到很多东西，并且乐在其中。对孩子们而言，参与有关食物和种植的活动是他们了解自然的有趣方式。当他们有机会探索各种环境时，他们就会发现许多不同的植物。

感官

- 不同声音的产生方式
- 音调
- 音量
- 声音匹配
- 不同的景象

- 不同的质地
- 不同的气味
- 不同的味道

自我

- 身体部位（身体意识）
- 保持健康所需的物品
- 我与他人的异同
- 人类与其他动物的异同

水

- 水的不同状态和形态，如湖泊、河流、冰、雾
- 水中的运动，如波浪、水流
- 物体与水的反应，如漂浮、下沉

形状与图案

- 自然和人造图案
- 世界由不同的形状构成
- 不同的形状是如何组合在一起的

交通与旅行

- 不同类型的交通工具
- 旅行如何影响我们的生活、社区和整个世界

我们的世界

- 不同的国家

- 不同的文化
- 差异与共性
- 我们居住的地方和家庭
- 房子、公寓、村庄、城镇、道路等场域

人

- 男孩与女孩的异同
- 每个人的独特性
- 所有人之间的异同
- 我与其他生物
- 我与非生物
- 不同的工作场所和人们在社会中的角色

时间

- 成长
- 时间如何影响我们及我们的生活
- 时间如何影响其他生物和非生物
- 时间的流逝顺序（一天、一年、一生等）
- 过去与现在
- 新旧对比
- 谈论我们生活中的重大事件

材料与特性

- 不同的自然材料，如沙子、黏土、木材、石头
- 材料间的相互作用如何使其发生变化
- 材料的形状及某些形状的变化

- 自然与人造材料的特性

环境

- 变化
- 天气
- 季节
- 循环
- 气候

光与电

- 一天中的不同时段
- 光明与黑暗
- 光源
- 不同季节与日照时长的变化
- 家庭用电，包括安全知识
- 使用与制作电路

力

- 推
- 拉
- 扔
- 滚
- 不同物体的移动方式
- 我们的移动方式

分类

- 将动物、物体、人等分组归类

科技

- 了解并使用需要操控的简单玩具和设备
- 使用媒体设备，如 CD 播放器、音乐软件、遥控器、手机和相机
- 了解计算机的基本使用方法和基础编程

孩子们在探索周围世界的过程中，需要培养以下技能：

- 表达观点，描述物体、事件和结果
- 观察和探索，展现好奇心并进行实验
- 分类、比较、分组和排序
- 表达自己的想法并倾听他人
- 解决问题与做出决定
- 分类并记录
- 预测、评估与反思

自 然 发 展

孩子们通过自主运动和积极游戏认识与理解世界的例子如下所示。

- 当孩子们探索户外环境时，他们会了解动物、植物、力、环境、天气、季节和不同的自然材料。
- 孩子们通过园艺和种植来理解时间、影响植物生长的因素和不同种类的植物。
- 作为成人，我们可以在许多可教导和反思的时刻向孩子们提问，以鼓励他们思考自己正在经历的事情。

- 孩子们可以通过角色扮演和动感故事发现不同的世界，了解不同的文化、人物和地点。他们可以自发地利用想象力来创作动感故事，对探索主题进行延伸。动感故事和角色扮演还将使他们有机会发现自己与他人的异同，以及人类对环境的影响——这比从书本上学习更有意义。孩子们还可以通过基于他们生活（从婴儿时期到现在，再到他们成年）的动感故事，更多地理解自己和时间。
- 许多关于人体部位、世界和动物的童谣，可以帮助孩子们了解周围的世界和他们自己。朗诵时要声情并茂、充满活力。
- 简单的外出活动，比如去公园或附近的商店，有助于孩子们了解当地的环境及其多样性。他们能借此发现不同的植物、人物、材质、建筑和商店。在许多地区，他们还能遇见来自不同国家和文化背景的人。
- 通过参观农场、动物园等地方，孩子们可以了解动物、它们的异同，它们的栖息地和食物，以及我们与动物的互动方式等。
- 当孩子们用箱子和其他可回收的生活用品搭建建筑物时，他们会了解材料的操作方式，以及物体和材料是如何组合在一起的。
- 用可回收物品和自然材料制作富有想象力的物品，可以帮助孩子们了解如何通过回收和合理使用资源来保护我们的环境。
- 使用现实世界中的工具和其他实物，如陶瓷餐具、缝纫包和烹饪刀具，有助于孩子们与周围真实发生的事情建立联系。
- 孩子们可以了解水如何转化为不同的形态，以及它如何在与其他物质混合后变成新物质，例如雾、冰、泥。
- 通过玩水，孩子们可以了解为什么有些物体会浮在水面上，而有些物体会沉入水底。
- 孩子们可以学习如何将自然材料组合起来以改变它们的性质，比如沙子和水混合后可以形成泥巴，面粉、水和盐混合后可以变成面团。

通过这些活动，孩子们将逐渐理解周围的世界，并开始学习科学、地理和历史的基础知识。新的学习是建立在既有知识的基础上的，因此，在早年探索和发现得越多，长大后我们学习和发现得也就越多。

身体活动创意

以下是一些支持该领域学习的活动类型示例：

- 动感故事
- 动感童谣
- 动作歌曲
- 园艺与农作物种植
- 健康饮食与烹饪或食物准备
- 探索当地与世界——散步、制作地图
- 身体感知活动
- 感官活动
- 文化歌曲、舞蹈、故事和游戏
- 度假或探险
- 搭建与建造
- 探索自我——相似与不同
- 涉及交通安全和反霸凌等内容的活动
- 涉及颜色、图案和形状的活动
- 寻宝游戏
- 称重、测量和比较大小
- 泡泡、泥巴和水上游戏

第六章 对世界的认知与理解

- 简单科学——探索与实验
- 简单地理——海滩、山脉、天气等（谁去过哪些地方？）

活动创意

第十一章中支持这一学习领域的活动包括：

- 动感字母
- 瞄准与得分
- 动物障碍赛
- 停球游戏
- 头肩膝脚趾碰碰碰
- 猫咪与兔子
- 接球乐
- 颜色游戏
- 迷你瑜伽
- 小猴摘果果
- 随音乐律动
  - 音乐雕像冠军
  - 羽毛飞舞
  - 随音而动
  - 彩带舞
  - 叙事性舞蹈
- 音乐小组
- 慢动作
- 超级英雄救援
- 小船游戏

微运动卡片

孩子们需要在年幼时掌握多项身体技能，以便为参与体育运动、接受体育教育以及认知学习做好准备。孩子们可以通过每天花大量时间游戏和运动自然掌握许多技能。即便如此，最活跃的孩子也需要来自照护者的支持，以确保他们正在发展并掌握了需要的所有技能。

微运动卡片包含18张色彩鲜艳的卡片，每张卡片都涉及一项特定的身体技能。卡片上印有技能的名称和图像，另一面则是对如何使用该项技能的解释，涵盖多种活动创意。虽然孩子们需要接触和发展的身体技能远不止这18种（详见第二章），但这套卡片对于忙碌的教师而言很有用，2~3张卡片即可产生效果。这些卡片可以融入孩子们已知且喜爱的活动中，用以创作动感故事，也可以组合成某个系列的活动。

基于技能进行计划

如果任由孩子们自行其是，他们也会有所发展。但是，如果对他们的能力提出挑战，并鼓励他们尝试新的活动和技能，他们不仅会发展得更好，还会发展出更广泛的技能。伯明翰市政厅体育教育与身体活动（Physical Education Physical Activity，简称PEPA）小组以及其他专业人士最初拟订了一份儿童身体技能发展清单，此后，我和其他从业者又对其进行了补充和修订（有关儿童身体技能的完整清单，请参阅第二章）。这些早期技能是孩子们掌握基本运动技能的前提，而基本运动技能是他们日后参与体育运动以及更复杂的游戏和活动所必需的。

确保孩子们发展各项技能的一个有效方法是在体育课中纳入这些技能。每周选择3~4项技能，并每天规划融入这些技能的不同活动。我们也可以将其他技能融入其中，但不应使其成为重点。活动创意包括动感故事、随音乐律动、障碍赛、西蒙说、红绿灯游戏等。对此，第十一章提供了一些创意。

如果活动计划涉及具体成果，那么无论是对孩子还是对教师而言，都可能会更加成功。围绕特定技能进行计划有助于：

- 专注于观察和评估孩子的特定技能
- 识别孩子需要额外支持的技能
- 定期开发新活动
- 孩子发展更多、更广泛的技能

小贴士

告知家长孩子每周将锻炼的技能，并鼓励他们在家里也运用这些技能。为家长提供一些可以在家里使用的创意，并告诉他们你在幼儿园或早教机构中发现的有效活动。

教师也可以将微运动卡片放到户外区域，供孩子们在自主游戏中使用，这样他们就可以随时选择并尝试这些活动。如果他们曾参与包含某类技能的有趣活动，那么他们就会更愿意尝试练习这些技能。

世界中的哪个位置？

我在巴拉德学校执教已有12年，最初是一名新教师，现在是学前预备部体育教研组组长，负责教授2—16岁的学生。此外，我还负责组织和主持伦敦西区私立学校协会学前预备部体育节。

这里介绍的是一项适合小学一年级学生的基础地理活动，也可以针对更小的孩子进行简化。这项活动还可以调整为适合其他国家孩子的活动，只需在讨论时涉及该国家即可。

在一个活动区域（体育馆或大广场）内，学生们与教师一起玩指认方向（东、南、西、北）的游戏，教师会根据指南针指出各个方向。

进阶活动

❖ **进阶活动一**

教师不用手指方向，而是说出指南针的指向，这样可以锻炼孩子们的记忆力。

❖ **进阶活动二**

下一步是增添东北、西北、西南、东南四个方向。这项任务起初结合指向和口头说明进行，然后迅速过渡到仅使用口头说明。

❖ **进阶活动三**

教师会告诉学生们英国北部、东部、西部和南部的各一个地点，学生们需要记住这些地点在哪里。

❖ **进阶活动四**

教师每次都会增加更多的地点，这样学生们就必须记住更多的地点。

❖ **进阶活动五**

随后，学生们离开，并在下一节课时带着他们在英国地图上找到的新地点回来，教师再根据学生们的提议进行游戏。

这些活动可以在这一系列课程刚开始的 5 分钟内完成，并随着每节课的推进逐渐深入。

益处

学习领域：地理（对世界的认知与理解）、听力、问题解决能力、语言与沟通能力。

——丹·温奇

第七章

表现艺术、设计思维与创造力的发展

表现艺术、设计思维与创造力的发展是指孩子们在随音乐律动、唱歌、创作和演奏，探究各种材料、颜色、质地、形态和形状，以及设计和制作标记时表达自我的过程。孩子们在参与结构化活动、课程、游戏以及室内和室外活动时，都会体验到这些。的确，孩子们可以坐下来创作艺术和手工艺品，但为什么要限制他们的创作范围，让他们保持静止，而不是让他们利用整个身体来表达自己呢？

大型绘画

随音而动

动作歌曲

自我表达
涉及运动或创造力

重复动作

舞蹈基本动作
如转身、跳跃等

自然材料的使用

动感童谣

色彩与空间活动

图形与形状的应用

音乐与乐器

搭建与建造
运用想象力和创造力

动感故事

开放性材料

听音作画

图 6

身体活动如何影响儿童表现艺术、设计思维与创造力的发展

孩子们将通过运动和积极游戏发展创造力、节奏感、自我表达能力，

以及对自我的思想、情感等方面的理解。

- 大肌肉运动技能的发展为精细运动技能的发展奠定基础。
- 孩子们在探索环境时会自然地发展精细运动技能。
- 舞蹈和随音乐律动应成为早期阶段体育课和日常活动的重要组成部分。
- 通过随音乐律动和动感童谣学习节奏,孩子们将了解舞蹈和歌曲。
- 通过不同的动作,如大声时动作幅度大、小声时动作幅度小,高音时踮脚,低音时跺脚,孩子们将理解音乐中的变化。
- 在活动中探索色彩和空间,帮助孩子们了解媒体的设计和使用。
- 在体育课和由成人引导的活动中,孩子们会模仿成人示范的动作。
- 孩子们通过动作、手势和其他活动来表达自己的感受和情感。
- 孩子们应该有机会以自己选择的方式创造图形和动作,从而实现自我表达。
- 模仿成人做出的动作(如拍手、挥手等),有助于孩子们自己做出各种动作。通过不断重复动作,孩子们能够掌握舞蹈和节奏。
- 根据故事或舞蹈的基本动作(如移动、跳跃、转身、手势变换、静止以及倒下)来设计舞蹈片段。起初应由成人引导,但随着孩子们的能力和技能水平有所提高,他们可以自己创作舞蹈片段。
- 给予孩子们摆弄乐器的机会,让他们创造声音。他们可以利用在家里或户外找到的资源,以及回收物品来制作自己的乐器。
- 建构活动不仅能激发孩子们的创造力和想象力,也能培养他们的创新意识和发明能力。
- 包含想象和事实的角色扮演能让孩子们运用自己的知识和想法。
- 动感故事会鼓励孩子们在运用想象力的同时,以不同的方式移动身体。
- 给予孩子们创作故事、童谣以及为音乐编排动作的机会,让他们能发挥想象力和创造力。
- 孩子们可以在户外利用自然材料,或者将自然材料与所提供的资源相结合，来创作艺术作品并发展设计技巧。
- 提供多种多样的建筑材料、纺织品和其他物品，让孩子们能够发挥想象力，进行创造和搭建。
- 当孩子们面对多样化的材料时，他们将学会创造性地设计和建构。
- 对于尚未完善精细运动技能的孩子来说，大型绘画、设计和标记制作活动是很好的起点。许多孩子会对这些活动产生积极反应。相较于坐下来专注于某个小区域，他们更愿意参与这样的活动。添加音乐不仅能提升此类活动的趣味性，还能让孩子们的创造力和表达能力再上一个台阶。
- 使用开放性材料（即那些没有特定用途且能以不同方式被使用的材料）将会激发孩子们的创造力和想象力。

在儿童早期阶段的活动中融入动感故事和想象力，将为孩子们创造更有吸引力且更加愉悦的体验。音乐的应用会加强许多活动的效果，激发孩子们的自我表达，有时甚至会让孩子们表现得过于兴奋。

> **小贴士**
>
> 音乐可以丰富多种活动，鼓励孩子们多动一动。当你想让孩子们动起来时，一定要准备好音乐。

运动和积极游戏不仅能支持孩子们的自我表达和想象力，也能促进其大肌肉动作的发展，而大肌肉动作的发展恰恰是精细动作的基础。正如第四章所讨论的，精细动作的基础包括身体的稳定性、感知觉和双侧协调，这些都是通过大肌肉运动来发展的。对于从事儿童教育工作的人来说，意识到这一点非常重要。许多孩子由于缺乏运动和积极游戏的机会，在发展精细运动技能时会遇到困难。

表现艺术、设计思维与创造力发展对应的领域

表现艺术、设计思维与创造力的发展主要对应三个领域。

美术、手工与设计

孩子们将探索不同的媒介、材料、颜色和图案，运用他们的记忆力、感官、观察力、批判性思维、创造力和想象力来创作二维图像和三维结构。

提到美术和手工，人们通常会联想到坐在桌子旁或地上进行绘画、粘贴、涂色、剪裁和标记等活动。事实上，还有很多活动可以利用身体的不同部位，在室内和室外大规模地进行，这可能需要调用大肌肉运动技能，而不仅仅是精细运动技能。

故事与想象游戏

孩子们天生就有很多自然的行为涉及想象力和想象游戏。如果从孩子们身上获取灵感，了解他们的学习方式，就能够帮助他们以应有的方式参与活动和发展。

动感故事不仅能让孩子们投入其中并享受乐趣，还能鼓励他们创作自己的故事和情节。这种活动，加上角色扮演，正是戏剧的起点，教会孩子们扮演各种角色和演绎不同的主题。

此外，如果孩子们通过运用想象力来学习，那么他们就能更容易地理解一个概念或新的想法。孩子们能够通过许多融入想象力的活动来探索不同的感受和情绪，以及生活中其他领域的知识。

音乐、舞蹈与随音乐律动

在婴幼儿还未学会站立之前，每当音乐响起时，他们就会随音乐摇

摆。演奏乐器、唱儿歌和朗诵童谣将对孩子们的身体与语言技能产生积极影响。这些活动对培养孩子们的秩序感也至关重要。

要允许孩子们随音乐自由舞动,让他们用全身来表达自我。有些孩子和成人可能会觉得这很难,而在结构化的随音乐律动活动中,孩子们能更好地遵循指令或模仿动作。他们能够学习将各种动作结合起来,形成动作模式,也能学习如何结对或小组合作。随着孩子们年龄的增长,应该让他们有机会运用舞蹈基本动作,来创造自己的动作模式。

> **小贴士**
>
> 由于孩子们喜欢听故事和进行想象游戏,因此可以将故事和活动拓展为随音乐律动活动。让孩子们参与决定动作或故事情节,以发挥他们的创造性思维。

创造力的重要性

当孩子们富有创造力时,他们的表现如下。
- 以象征性的方式思考并交流想法。
- 了解自己能做什么和不能做什么。
- 为自己设定挑战,解决问题并尝试新事物。
- 在以往经验的基础上不断积累新经验。
- 更好地理解周围环境中的材料和物品。
- 利用基本材料和媒介来制作物品。
- 抓住机遇并发现新事物。
- 了解周围的世界。
- 学会表达自己的观点、想法和创意。

- 学会坚持不懈。当孩子们致力于创造新事物时，他们无疑会犯一些错误。如果他们想实现自己的目标，就应该进行批判性思考，解决问题并再次进行尝试。如果他们能坚持不懈，接下来就更有可能继续尝试新事物，获得新体验。
- 通过参与动感故事、动感童谣以及角色扮演和其他合作游戏，发展自己的语言和沟通能力。
- 发展社交技能和自信心，同时提升阅读和数学能力。
- 发展创造性思维，这对于科学、数学等学习领域至关重要。
- 发展智力，在生活中的许多领域发展、理解想法和概念。

教师面临着巨大的压力，需要定期完成工作任务，以至于创造性游戏以及孩子们在这一过程中所学到的和所发现的东西不能总是得到重视。孩子们可能需要通过多次尝试才能实现他们的目标，但坚持不懈、批判性思考、解决问题并以创造性思维面对任务的过程，对孩子们非常重要。

开放性游戏和材料有助于培养孩子们的创造力，允许并鼓励他们发挥想象力，尝试新事物，进行实验和探索。在购买材料和玩具时，要始终思考孩子们是否能发挥想象力，并以不同的方式使用它们。收集一些回收物品（卫生且安全的）或许与那些吸引眼球的昂贵资源所带来的效果一样好，甚至更好。

小贴士

在没有资源或设备的情况下为孩子们提供游戏机会，尤其是在户外活动的机会，将鼓励他们发挥想象力和创造力。利用环境中的一切，使其变成孩子们想要的任何东西。注意不要给他们提示，以免阻碍他们发展批判性思维、创造力和创新能力。

自 然 发 展

以下例子可以说明孩子们如何通过自主运动和积极游戏来促进表现艺术、设计思维与创造力的发展。

- 孩子们会在户外环境中发现不同的图案和标记，他们还会在泥巴和沙子里创造出自己的图案和标记。

- 孩子们会搭建结构和挖穴，运用想象力和创造力把它们变成城堡、龙穴、塔楼、船只等。他们将学习如何使用不同的材料进行建造，了解可变形材料和不可变形材料是如何组合在一起的，以及如何利用材料和物品来装饰他们的作品。

- 利用自然材料，如树叶、羽毛、树枝和花朵，孩子们会创作出美丽的图案。

- 你可能会发现孩子们穿着奇怪的服装在户外区域跑来跑去，假装自己是超级英雄、蝴蝶或飞机，通过富有想象力的游戏来表达自己。他们也可能会打扮成爸爸妈妈的样子，推着婴儿车四处跑。

- 对于孩子们来说，配有动作和运动的童谣和歌曲是他们的最爱。童谣和歌曲的重复不仅有助于孩子们掌握新技能，还有助于他们了解世界。

- 如果孩子们能获得喷壶、画笔、滚筒和水，那么你经常会看到他们在户外画东西。这有助于培养他们的创造力，同时发展他们的精细运动技能和大肌肉运动技能。

- 当孩子们接触回收物品时，他们能充分发挥想象力和创造力，利用这些物品进行许多开放性游戏。如果让他们根据自己的兴趣玩耍，你会发现他们用这些物品制作宇宙飞船、超级英雄的秘密基地或魔法湖上的桥梁。

- 当孩子们接触真实的工具，如锯子、钉子和削木工具时，他们就会进行创造和建构。

- 泥巴是具有开放性的材料，易于操作、变形和加工，可以用这种脏兮兮的材料让孩子们发挥真正的创造力。只要让孩子们和泥巴待在一起，他们的脑细胞就会被激活——你会发现他们用泥巴制作泥饼、图案和建造城堡。

身体活动创意

支持孩子们发展表现艺术、设计思维与创造力的身体活动数不胜数。以下是一些支持该领域学习的活动类型示例：

- 音乐运动
- 动感童谣
- 动感故事
- 动作歌曲
- 制作与演奏乐器
- 使用彩带与飘带
- 水彩绘画
- 听音乐绘画与涂鸦
- 制作拼贴画（利用自然或人造材料）
- 大型绘画与标记制作
- 利用户外发现的物品和材料制作二维模型
- 角色扮演
- 废旧物品搭建
- 超级英雄救援
- 身体部位的使用、身体意识活动

活动创意

第十一章中支持这一学习领域的活动包括:

- 动感字母
- 动感骰子
- 动感故事
- 动物障碍赛
- 停球游戏
- 头肩膝脚趾碰碰碰
- 猫咪与兔子
- 接球乐
- 颜色游戏
- 魔法石头与巨人(藏点游戏)
- 迷你瑜伽
- 小猴摘果果
- 随音乐律动
    - 音乐雕像冠军
    - 羽毛飞舞
    - 随音而动
    - 彩带舞
    - 叙事性舞蹈
- 音乐小组
- 东南西北风
- 道具模仿
- 影子游戏
- 慢动作
- 超级英雄救援

➢ 小船游戏

 **网球绘画**

我在学前阶段担任教学助理已约 25 年，其间曾因生育而中断工作，之后又重返岗位。我在学校的角色已有所变化，现在我是全纳教育管理者，负责在健康、安全保护等多方面为学生家庭提供支持。

材料

大张纸

活动步骤

1. 铺开一张大纸，我以前常用墙纸的背面当画纸。
2. 让一个孩子坐在纸的一端，另一个孩子坐在另一端。
3. 在其中一个孩子面前放一碗颜料，里面放一个网球。
4. 由这个孩子将球滚向坐在另一端的孩子。
5. 另一端的孩子再将球滚回来。
6. 如此反复滚动几次后，孩子们交换位置。

孩子们非常喜欢这个游戏，以至于常常有人排队等候参与游戏。

益处

这个游戏涵盖了多个学习领域并带来了诸多益处：

- 个性与社会情感发展——轮流参与、合作、眼神交流
- 数学能力——计数
- 语言与交流能力——主动沟通、倾听

- 身体发展——精细运动技能,如果使用更大的球,能够同时促进大肌肉运动技能的发展

——卡伦·莱斯莉·加斯基尔

第八章

精神、道德、社会和文化的发展

儿童精神、道德、社会和文化的发展为幼儿园或其他教育机构的价值观和理念奠定基础,这四个方面的培养将贯穿儿童的一日生活。他们会通过各个学习领域和科目,以及他们所在学习环境的氛围,来学习这些价值观。

为了让孩子们过上充实而积极的生活,成长为全面发展的成年人,他们不仅需要提高身体素质和增进学业,还需要树立坚定的道德观和价值观,学会建立积极的社会关系和归属感,明辨是非,善待他人、其他生物以及自己,发展自我意识,了解自己的能力并发挥潜力。

无论孩子们生活在哪个国家,无论精神、道德、社会和文化的发展或相关内容是否被纳入课程,对他们而言,在关爱自己的人的指导下,培养一套道德观和价值观是至关重要的。

肯定自我价值和建立自信心
通过创造性游戏

培养归属感
通过角色扮演和动感故事

了解世界
通过演绎动感故事

爱护自然
通过户外游戏

发展社交技能
通过小组和团队合作

培养道德观和价值观
通过游戏和活动

感受健康和幸福
通过动作歌曲和动感故事

感受不同文化
通过文化活动和民族舞蹈

感受多样性和包容
通过与同伴一起游戏和活动

反霸凌活动　　**交通安全活动**

图7

身体活动如何影响儿童精神、道德、社会和文化的发展

诸如动感故事、动作歌曲和团体游戏等身体活动，有助于孩子们判断是非对错，了解自身如何融入社会，以及学会尊重自己和周围的世界。

精神发展

- 当孩子们发挥创造力，搭建小屋、创作并演绎动感故事或随音乐律动时，他们会了解自己的能力，明白自己能做什么、不能做什么。当他们完成既定目标时，就会形成自我价值感和自信心。记住，不要总是告诉他们做得有多好，要让他们去发现自己的成就。
- 角色扮演、动感故事和各种游戏，有助于孩子们了解周围的世界以及如何融入这个世界。
- 你可以基于你选择的任何主题开展动感故事活动，以提高孩子们的活动积极性，鼓励他们了解自己周围的世界。
- 当孩子们在户外探索，使用回收材料进行搭建，建造昆虫小屋或在河边漫步时，他们能够学会尊重环境和其他生物。

道德发展

- 当孩子们积极参与活动，进行小组或结对游戏时，他们会学到许多社会情感技能。他们会学习多种社交技能，如轮流参与、尊重他人、应对胜利和失败、遵守规则和共情等。这些技能是无法被教授的，需要孩子们通过经验来发现和学习。
- 如果孩子们曾在年幼时通过游戏和活动接触过这些价值观，那么他们在长大后将更容易理解和具备良好的道德品质。

社会发展

- 婴幼儿一开始更喜欢独自玩耍，需要被教导学会分享和轮流参与。通过游戏和有趣的活动，孩子们将学会尊重他人，认清自己在群体中的角色。如果得到机会，他们还能学会在集体中表达自己的观点。
- 在结对或小组游戏中，孩子们会意识到，如果他们一起努力，就能实现共同的目标。
- 随着年龄的增长，他们能够学会利用彼此的长处，并抓住"对手"的弱点，以便在竞争中获胜。
- 如果孩子年幼时活动机会少或因身体原因而缺乏空间意识，这会对他们的社交技能产生负面影响，通常使他们不受欢迎或难以融入集体。
- 孩子们会通过活动、歌曲、动感故事和角色扮演来了解自己的健康状况。
- 冒险是身体发育的重要组成部分，在安全有保障的环境中拥有多次挑战自我的机会，有助于孩子们管理风险、认清自己的能力和学会为自己设定挑战。

文化发展

- 孩子们可以玩游戏，体验反映不同文化的动感故事，还可以随着不同文化的音乐跳舞。
- 角色扮演能让孩子们了解周围的世界，并学会尊重差异。
- 身体活动和游戏能让孩子们认识到彼此的差异和共性。
- 儿童和成人都需要学习、理解、发展自己的知识以及接受世界的差异性和多样性。角色扮演、动感故事、动感童谣和许多其他游戏有利于孩子们了解他人的非威胁性。
- 小组游戏和活动能让孩子们了解健康关系中的动态变化。
- 大多数孩子天生就理解公正、和平与宽恕的概念。通过积极游戏，孩子们可以学会表达自己的观点，并学会尊重他人的意见。

- 可以将反霸凌和交通安全意识等内容纳入游戏、身体活动和歌曲，以令儿童感到愉快的方式为其提供重要知识。如果他们喜欢学习，就很可能会记住这些信息。

精神成长

孩子们通过创造力和想象力了解自己，了解自己的优点和缺点、价值观、生活的意义和目标。他们通过探索周围的世界和自己，逐渐理解生活、自己的信念，创造对自身精神生活的认识。

道德培养

在成长的过程中，孩子们会逐渐学习理解对与错的区别，学会善待他人、遵守规则和法律。他们将发现自身的行为和选择会对自己和周围的人产生影响，并理解行为后果，学会原谅自己和他人。孩子们应该有表达不同意见的权利，并知道不是每个人都持有相同的意见。

社交能力

孩子们会学习尊重他人，建立积极的人际关系，了解自己在当地、全球社区或家庭中所扮演的角色和所承担的责任，并以积极的方式与他人互动。幼儿需要明白，他们的意愿和观点不一定总是最符合集体利益的。幼儿社交技能的发展，将对他们成年后在个人生活和职场上的成功产生深远的影响。

文化认知

孩子们会开始了解不同的文化，学会尊重和接纳多样性。他们将学习自己的文化和其他文化，学会欣赏相似性和差异性。

孩子们既需要学习如何在集体环境中与他人互动，也需要学会理解自己的情绪。与其尝试（很可能会失败）向他们解释这些技能，不如给他们机会，让他们在与他人的互动中学习。许多由成人或儿童发起的集体活动，将使儿童有机会探索和发现他们在社会中的地位，以及如何为社会做出积极贡献。

儿童具有个体差异性

每个孩子都是独一无二的，拥有特定的兴趣、独特的学习方式以及一系列不同的经历。成人需要制定策略来帮助所有孩子取得成功，同时牢记以下几点：

- 有些孩子可能通过试错来学习，而其他孩子会在自己尝试新事物之前先通过观察他人来学习；
- 有些孩子需要在成人的指导下，通过一步步的演示说明来学习；
- 有些孩子可能觉得在户外练习技能更容易，而其他孩子可能会觉得在室内更有安全感；
- 有些孩子可能更擅长向其他孩子，而非成人学习。

气质

气质是人的天性，影响着人的行为方式。孩子们对不同情境的反应方式受其气质的影响。有些孩子害羞谨慎，而有些孩子热情洋溢，渴望尝试新活动。

兴趣

孩子们拥有独特的兴趣，这些兴趣能激励他们去学习。如果能有效利用这些兴趣，就能使其成为辅助学习的绝佳工具。如果某个孩子不愿意参与活动，可以利用他的兴趣来帮助他与其他人互动，使其变得更加活跃，并获得更有成就感的学习体验。

文化

孩子们所处的文化环境会影响他们的思维方式、言谈举止、表达方式以及对个人空间的感受。文化不仅与孩子们的国籍相关，还与他们的家庭信仰、价值观和道德观紧密相连。例如，在某些文化中，个人空间受到高度重视，而在另一些文化中，接触交流被认为是常态——这也会体现在个体的家庭文化中。

学习风格

我们并非都以同样的方式学习，不同的学习风格在孩子和成人身上发挥的作用是不同的。以下是三种主要的学习风格：听觉型、视觉型和动觉型。

听觉型学习者。听觉型学习者通过声音和语言来学习效果最佳。他们能轻松理解指令和解释。

视觉型学习者。视觉型学习者通过观察来学习效果最佳。他们倾向于借助图像或画面进行思考。当看到操作示范时，他们能获得最佳的学习效果。

动觉型学习者。动觉型学习者通过运动来学习效果最佳。他们通常动作协调，充满自信。此类学习者需要通过运动来学习和理解。

生活经历

生活经历和境遇会对孩子的学习能力产生影响。为了"描绘"出孩子的全貌，我们有必要尽可能多地了解有关孩子家庭的信息。如果他们是大家庭中的长子或独生子，他们的学习方式可能会有所不同。如果他们近期或正在经历创伤性事件，如父母离婚、亲人去世或移居国外，那么他们的学习能力也可能会受到影响。

特殊需要

如果某个孩子天赋异禀或身患残疾,请记住这只是他的一方面,而非全部。每个孩子都应该被视为独立的个体。

残疾儿童

与专家合作至关重要,你与任何孩子相处都应该基于同样的原则——识别孩子的长处和短处,并规划可以做出哪些改变和调整来支持孩子的学习。始终关注孩子能够做的事情,并在此基础上加入其他内容。如果能确定他们的"最佳发展期",那么根据同龄孩子的能力为他们规划适当的活动就会变得很容易。

我们为残疾儿童设定的目标应当与其他儿童无异。诚然,这可能是一个很大的挑战,但对儿童而言,参与活动并保持活跃是很重要的。我们应该为他们提供环境和机会,通过丰富的体验来激发他们的潜能,发展他们的能力。

身体活动创意

各种身体活动都将支持这一领域的学习。精神、道德、社会和文化的发展贯穿于儿童一整天的活动中,以及他们与他人共同经历或独自经历的大多数事情中。成人的作用就是帮助儿童理解这一点,还有什么比通过有趣的身体活动和游戏来达成目标更有效呢?

以下是一些支持该领域学习的活动类型示例:

- 动感骰子
- 动感故事

- 瞄准与得分
- 沙包接力赛
- 猫咪与兔子
- 接球乐
- 颜色游戏
- 魔法岩石与巨人（藏点游戏）
- 迷你瑜伽
- 小猴摘果果
- 叙事性舞蹈
- 音乐小组
- 影子游戏
- 超级英雄救援

第九章

冒险行为与冒险性游戏

对于孩子们而言，挑战与冒险在身体、社交乃至认知发展上都发挥着重要作用。尽管户外活动提供了很多这样的机会，但只要孩子们想挑战自我或尝试新事物，任何地方都有可能成为其冒险的舞台。若孩子们感受到来自关爱他们的成人的支持，并且处于一个安全无忧的环境中，他们就会更愿意冒险并尝试新挑战。同时，他们还需学会保证自身安全，并尊重周围的环境和其他人。

游戏与冒险总是相伴相随。若我们真正珍视游戏，那么就必须同样珍视冒险[1]。

冒险的重要性

通过冒险，儿童的身体、认知与情感均能得到发展。学习和发展的过程包含尝试那些稍微超出我们能力范围的新事物，并坚持不懈直至达成目标的过程。

在可控的环境中，冒险将帮助孩子们在离开幼儿园或早期教育机构后做出更佳的决策。若孩子们未能在安全环境中经历冒险，他们将面临另一种危险：可能永远不会评估风险和自身能力。部分孩子可能会变得胆怯，再也不尝试有价值的冒险，而另一些孩子可能做出轻率的决定，甚至因此受到伤害。

冒险不仅有助于孩子们成长与发展，还能激发他们的创造力，促进其社交技能的发展，并在培养其韧性方面发挥作用。如果孩子们能学会抓住机会，经历失败并再次尝试，那么他们就能学会以积极的心态面对生活中的诸多挑战与障碍。

---

[1] Play England (2008) 'Managing risk in play provision: A position statement.'

什么是冒险性游戏?

挪威研究者汉森·桑塞特[①] **界定了冒险性游戏的具体特征。**

- 高处——在高处玩耍,儿童可能面临坠落并受伤的风险。
- 高速——在高速玩耍时,儿童可能失控,导致自身与其他人或物相撞。
- 工具——在使用工具玩耍时,如果儿童未学会安全的使用方式,可能会因此受伤。
- 风险——儿童可能会因自然因素本身或因掉入其中(比如河流)而面临受伤风险。
- 打闹——在打闹玩耍时,儿童可能互相伤害。
- 失踪/迷路——儿童在玩耍时可能走失,并可能因缺乏成人监护和照料而受到伤害。

冒险性游戏的风险与益处

在照顾儿童时,你需要了解:

- 可接受或有益的风险与不可接受或不良的风险之间的区别;
- 风险与益处之间的平衡关系;
- 何时支持儿童,何时允许他们自己做决定和判断;
- 利用自身的知识和判断来支持儿童承担有益的风险;
- 如何利用空间和资源来鼓励儿童承担有益的风险。

你可以通过以下方式将冒险性游戏的益处最大化。

---

① Hansen Sandseter, E.B. (2007) 'Categorising risky play: How can we identify risk-taking in children's play?' *European Early Childhood Education Research Journal* 15, 2, 237–252.

- 增强自身的认知和信心，为儿童提供有益的风险，这需要一定程度的个人判断。
- 与进行冒险性游戏的儿童准确沟通。
  ◇ 向儿童提问，而不是直接告诉他们要做什么。这将有助于他们解决问题并了解自己的能力。
  ◇ 当儿童全神贯注地尝试具有挑战性的任务时（如爬树或从一块石头跳到另一块石头上过河），尽量减少与他们的沟通，因为这可能会分散他们的注意力。
- 为儿童提供一个安全、有保障的环境（这包括你与他们的关系），以鼓励他们挑战自我。
- 向家长介绍你为儿童制订的冒险计划，并与他们沟通，解释其重要性。

不良冒险与危害

不良冒险与危害是指儿童难以或无法自行评估的且没有明显益处的风险与危害。根据英国儿童游乐协会的说法，这些危害可能来自设备上的锋利边缘或尖端、设备和资源中结构脆弱且可能倒塌的部分，以及可能卡住儿童头部、手指或其他身体部位的物品。

评估风险与收益

完成风险评估意味着，你已经识别并消除了对儿童而言不可接受的风险，并允许存在可接受的风险，而不是消除所有风险。根据英国游乐设施安全论坛的《游乐设施风险管理声明》，确定风险是否可接受主要取决于以下三个因素：

- 受到伤害的可能性
- 伤害的严重程度
- 活动的益处、回报或结果

在考虑环境的安全性时，既要考虑法律要求，也要考虑可接受的风险。要设想风险可能存在的地点，然后思考可以采取哪些措施将风险降到最低。例如，从攀爬设施上跌落是可能的，但如果让设施远离窗户和尖锐物品等危险源，那么儿童受到伤害的可能性就会降低。

小贴士

如果想让孩子们在一个安全的环境中学会如何安全地跌落、如何爬起来重新开始，并更好地识别自己的能力，就有必要事先对该区域和设备进行风险评估，从而确保将孩子们受到伤害的风险降到最低。

自 我 调 节

自我调节是指识别、控制和修正自身行为、情绪和思维的能力。它能使人们恰当地应对各种情境（具有挑战性的情境可以使孩子们学会坚持、保持耐心和认识自我）。孩子们可以通过承担风险和面对挑战来学习自我调节，这对他们而言十分有用。

成人的支持

孩子们会主动发现挑战，并以自己的方式去承担风险。值得注意的是，有些孩子追求刺激，可能会尝试远超自身能力的挑战，而另一些孩子可能由于害怕而轻易放弃，从而错过重要的成长时机。

对于孩子们而言，了解自己的能力、掌握判断和规避危险的方法，远比我们替他们完成这一切更有价值。孩子们将在一个具有支持性和安全性的环境中学习上述知识和技能。成人必须谨慎地调控风险：一方面要避免因过于求稳而抑制孩子们的发展，另一方面要避免因风险过大而使孩子们处于危险之中。

为了帮助孩子们评估风险与能力，在他们尝试新事物或挑战自我时，成人无须时刻陪伴在侧，不过保持关注并在必要时提供支持仍然很重要。如果你觉得某个孩子过于勉强自己，那么不妨问问他："低头看看你现在在哪里，站在这么高的地方，你开心吗？""你想不想先把脚放在那块较低的积木上，再放到更高的积木上呢？"如果某个孩子正在"挣扎"，只需要一点外部支持就能成功，那么我们当然有必要介入，这样能防止他放弃——作为成人，我们只是需要先给他一个自己解决问题的机会。

正如孩子们需要冒险一样，成人也需要对自己的认知充满信心，这样才能勇于承担风险。如果自身信心不足，不妨循序渐进，逐步承担风险，比如先根据常识谨慎行事，一旦自己有信心，再尝试更高风险的事情。

小贴士

如果你不太愿意让孩子们冒险，不妨循序渐进。先让他们尝试承担小风险，再慢慢提高风险等级。待在舒适区固然轻松，但这样无法提供孩子们需要和应得的机会。

挑　　战

如果孩子们不挑战自我，他们将无法充分发挥自己的潜能。

要允许孩子们自由选择挑战项目。有时，可以设置一些小挑战，以鼓励那些不愿挑战自我的孩子勇敢尝试。但不要让孩子们陷入他们无法摆脱的困境。要留意那些"教育契机"，通过简单的提问或对话，激发孩子们的思考，从而使他们的学习效果最大化。

家长与照护者

在让孩子们承担风险方面，最大的阻碍来自家长或其他照护者，他们可能会指责或担心孩子们没有得到妥善照顾。对此，有必要向家长和照护者介绍让孩子们承担风险的好处，以及在你的幼儿园或机构中哪些行为是可接受的，哪些行为是不可接受的。

- 在制订体育教育计划时加入有关承担风险的信息，并让家长和其他照护者明确这一点。
- 教育家长和其他照护者，鼓励他们在家里让孩子承担风险，并为其提供建议和想法。
- 对承担风险的实践要有信心，不要受家长和其他照护者反对意见的影响。因为一两位照护者的意见而改变良好的实践，可能会剥夺孩子们所需的机会。

> **小贴士**
>
> 如果你已经教育并告知家长和其他照护者有关承担风险的益处，但他们仍然反对，他们有权将自己的孩子转移至其他地方。不应该让来自某位照护者的威胁影响你所照顾的所有孩子。

风险与额外需求

为残疾儿童提供承担风险的机会尤为重要。他们可能不像健全儿童那样自由，也无法做出那么多选择。在日常生活中，出于安全和便利的考虑，他们的很多事情都被代劳了。

残疾儿童一般不会主动寻求挑战，对此，照护者有必要为他们提供承担风险的机会。虽然在玩攀爬器材时，他们可能只能爬上一级，但他们从中获得的成就感，不亚于那些爬到顶端的健全儿童。

允许冒险行为与冒险性游戏的环境

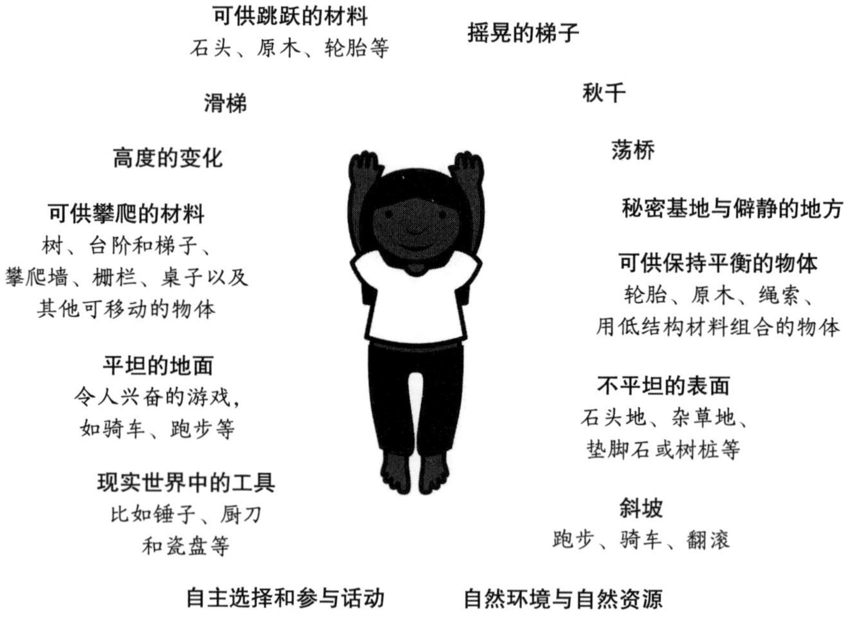

可供跳跃的材料
石头、原木、轮胎等

摇晃的梯子

滑梯

秋千

高度的变化

荡桥

可供攀爬的材料
树、台阶和梯子、攀爬墙、栅栏、桌子以及其他可移动的物体

秘密基地与僻静的地方

可供保持平衡的物体
轮胎、原木、绳索、用低结构材料组合的物体

平坦的地面
令人兴奋的游戏，如骑车、跑步等

不平坦的表面
石头地、杂草地、垫脚石或树桩等

现实世界中的工具
比如锤子、厨刀和瓷盘等

斜坡
跑步、骑车、翻滚

自主选择和参与活动

自然环境与自然资源

图 8

设　　备

攀爬设施 / 树木

- 当孩子们在攀爬时，不要触碰他们。如果他们无法自主攀爬，那么就不应该让他们爬得过高。这样既能让他们爬到力所能及的高度，又能

防止他们被困住或处于不安全的状态。相较于自己攀爬，孩子们在被成人抱着时更容易摔倒。
- 在让孩子们独立完成任务与为其提供言语或身体支持之间找到平衡。
- 向孩子们询问他们感觉自己进展如何，而不是告诉他们做得怎么样。这有助于培养孩子们的自我调节能力和对自己能力的信心。
- 允许他们集中注意力，避免与他们进行不必要的交谈（提醒他们小心或注意自己的行为，会分散他们的注意力，甚至导致他们摔倒或受伤）。
- 给孩子们机会，让他们自己搭建低矮的攀爬结构（可用木材、轮胎、积木、小桌子等），与他们一起讨论安全问题。
- 当孩子们试图攀爬那些稍显不稳固的结构时，请他们思考是否安全，以及可以做些什么让攀爬变得更安全或更容易。

现实世界中的工具

让孩子们使用真正的陶瓷制品、建筑工具、缝纫包和刀具。学会信任他们很重要，如果你教会他们安全知识，那么受伤或意外发生的风险就会很小。请采取安全措施，例如：让孩子们在地毯上使用陶瓷制品，为其示范如何用双手安全地拿取陶瓷制品；给他们提供钝头刀具，让他们切一些容易切的食物，比如香蕉，并确保对任何破损和意外都保持宽容的态度。

使用现实世界中的工具对孩子们非常有益，有助于他们在以下方面获得发展。

- 发展手部和手臂的肌肉，并更好地控制这些肌肉。
- 在拿钉子准备敲打时发展精细运动技能，孩子们很快就能学会如何不让手指被锤子砸到。
- 提高手眼协调能力。
- 让孩子们了解使用这些工具所需力量的差异，而不是总是使用塑料工具。

- 孩子们在使用成人使用的工具时会对自己充满信心。如果孩子们没有机会使用真实的工具和物品，他们就会意识到自己使用的工具与成人是不同的。允许他们使用真实工具会让他们建立极大的自信心。
- 培养孩子们的独立性和自律性。让他们有机会使用真实的工具并学习如何安全地操作，这将使他们得到信任，去使用更"易碎"和"危险"的物品，从而更快地发展大肌肉运动技能和精细运动技能。

> **小贴士**
>
> 要循序渐进地引导孩子们使用易碎品和真实物品，这样他们就能了解其中的风险，并学会如何独立做事，以及如何将损坏和伤害降到最低。务必向他们说明如何安全地使用这些工具。请记住，幼儿每次只能接受少量的指导。对于大多数孩子而言，必要的角色示范是不可或缺的。

建筑与构造

- 在户外区域放置各种材料和回收物品，让孩子们能够搭建自己的结构，同时也鼓励他们使用自然材料（如石头、木头等）。
- 允许他们在不依靠成人帮助的情况下完成建构，当他们遇到严峻的挑战或你觉得存在较大的伤害或风险（不良风险）时，请在旁指导。
- 通过询问他们即将攀爬的结构或已搭建物体的安全性，教他们如何保证自身的安全。

冒险中的教育契机

当孩子尝试、创造和承担风险时，成人会发现如果自己与孩子一起工作，那么就会获得很好的机会来支持孩子思维和问题解决能力的发展。请通过下面的情境，思考你该如何支持索菲承担适当的风险，最大限度地发挥她的学习潜力和培养她的自信心。

索菲造桥

索菲用一块木头和两个相隔较远的轮胎搭了一座桥，木头因此变得不够稳固。你可以看出这座桥摇摇晃晃，可能不足以承受她的重量，但她或许不知道，这时你会怎么做？

给索菲一个机会去测试这座桥，让她自己意识到她没有选择合适的材料，或者这座桥需要稍作改动才能变得更加稳固——她需要靠自己去寻找解决方案。

你可能很想介入，告诉她可能会摔倒受伤，然而，她并不会从中吸取教训。重要的是要观察她从这种情况中学到了什么。

- 如果索菲决定不经尝试就直接站在桥上，那么你就有必要对其进行干预。刚开始，你可以问她一些问题，比如："你觉得走在桥上会安全吗？""我们把两个轮胎移得近一点，防止桥摇晃，怎么样？"如果她仍然坚持要走上桥，那么你或许就得告诉她这样做是不安全的，她不应该爬上去。
- 如果她意识到任务尚未完成，那就允许她通过调整自己的建构方式继续学习，自信的孩子会拥有决心和毅力。
- 如果她寻求帮助，那么在提供解决方案之前，要尽可能鼓励她通过讨论和提问自己解决问题。

在这个过程中，索菲会学到很多知识，不断成长，而你也会对她的身体、情感和认知能力的发展有更多的了解。

第十章

自主学习与支持性环境

本章将探讨孩子们所处的环境如何影响他们的学习体验。这里的环境是指室内环境、户外环境、激发学习动力的机会、其他空间以及环境中的相关人员等。

针对不同年龄的儿童，支持性环境应有所区别，同时能够吸引儿童的兴趣，让他们感到快乐，有安全性和挑战性，让儿童能够自信地玩耍和学习。一些优质的空间因其本身的特质或专业人士的精心组织，亦或二者的结合，能够为任何年龄段的孩子（乃至成人）提供丰富且令人兴奋的空间。

孩子们能通过探索环境和参与自己主导的活动学到很多知识，成人应该为其创造有趣、激动人心且具有挑战性的环境。在经过深思熟虑、精心挑选的环境中，孩子们能够进行实验、解决问题、挑战自我、运用数学概念和沟通技巧，并在成人干预最少的情况下保持活跃。

在考虑环境的适宜性时，可以问自己以下问题：

- 环境向所有人开放吗？
- 孩子们是否感到被关爱、安全和有保障？
- 环境是否对孩子们有吸引力？
- 孩子们是否能在没有成人提示的情况下体验许多事物？
- 孩子们能否受到环境的激励？
- 环境是否能激励孩子们进行实验、解决问题并挑战自我？
- 环境是否兼具挑战性和安全性？
- 环境是否具有灵活性，允许孩子们灵活变通？
- 环境对孩子们而言是否有趣？

英国保育学校的首创者玛格丽特·麦克米伦（Margaret McMillan）曾说："我们正在努力创设某个环境，在这个环境中，教育几乎是不可避免的。"①这是对"有利的环境"的简单诠释。如果环境有趣、激动人心，能够鼓励孩子们进行探索、发挥创造力和开展实验，那么它就能促进学习。

在考虑营造"有利的环境"时，你需要从情感环境、室内环境和户外环境等多方面着手。

情 感 环 境

环境不仅包括孩子们所处的物理空间，还包括身处其中的人——孩子、家长、其他照护者以及教师。情感环境既受到家长、其他照护者和教师的互动方式的影响，也受到孩子们是否感到安全、有保障和被关爱的影响，同时还受到空间内潜在的正向或负向情感氛围的影响。实际上，人际关系构成了情感环境，这包括家长、其他照护者与教师之间的关系，教师与孩子们之间的关系，人们的行为和沟通方式、对待彼此的方式，以及环境的包容性。

当孩子们身处一个需求能够得到回应，让他们感到安全、有保障和快乐的环境中时，他们更有可能放松心态，勇于尝试新事物，挑战自我，并在日常生活中享受乐趣。这将使他们更加开放，愿意了解更多新事物，并在身体、情感和认知方面接受挑战。

孩子们学习的最佳方式是敢于犯错，坚持不懈，直至做对——孩子们只有在能够鼓励和支持所有人探索与尝试新事物的情感环境中，才愿意这样做。

对此，成人有必要营造一种支持孩子乐观面对失败（除非会导致孩子受伤，否则就没有什么是不对的，尝试新事物比固守舒适区更重要）的情感氛围，这种氛围在很大程度上将通过成人的示范来体现，即允许自己犯

---

① Hay, S. (2014) *Early Years Education and Care.* London: Routledge (p.106).

错，从错误中学习和反复尝试，始终保持积极乐观的态度，为孩子们提供许多自主游戏和学习的机会，尊重、包容他人。

室 内 环 境

室内环境需要具备足够的灵活性，以适应孩子们不断变化的兴趣和需求，确保他们有足够的活动空间，并允许他们参与空间设计。如果空间有限，可以考虑组织跳舞、动感故事和瑜伽等活动，因为这些活动在不占用太多空间的同时，还能显著提高孩子们的心率，让他们进行学习。

在设计室内环境时，成人应将孩子们不断变化的兴趣和需求纳入考虑范围，使其变得有趣、开放可及。

户 外 环 境

孩子们在户外和室内待的时间应该一样多，如果不是这样的话，至少应该使孩子们的自主活动和成人引导的活动在时间上保持一定的平衡。当孩子们在户外时，他们可以在没有太多干扰的情况下自由地开展游戏和探索。孩子们在户外遇到的自然之物通常是开放的，它们能够激发孩子们的想象力，鼓励他们通过感官去发现和学习，最终促进其身体和认知的发展。许多孩子在户外体验的事物与室内是相同的，不同之处在于户外物品的尺寸通常会更大，这对于手部尚未发育灵活、精细运动技能尚未完善的孩子，以及难以静坐和集中注意力的孩子而言，是非常有益的。

打造有效的户外环境不是指使环境变得漂亮整洁。孩子们喜欢探索野外空间，享受脏乱的游戏，并从各种看似废旧杂物的物品中获得启发。成人不应该将自己的审美标准强加于供孩子探索和娱乐的空间上。

成人也不需要为诸如数学和读写等学科设置不同的学习区域，孩子们只要置身于内容丰富的户外环境中就会不断地学习。正如你将在其他章节中发现的那样，如果孩子们置身于某个丰富多彩的环境中，被允许去探索、创造和尝试并感到足够安全，他们就会学习和成长。当孩子们在户外玩耍时，他们能够：了解自己对周围环境的影响，并学会如何善待环境；从户外活动（比如玩棍子、玩水或搭建小屋）中学习各种数学概念；在与同伴进行角色扮演或一同解决问题时，发展语言和沟通能力；在用轮胎和木板成功搭建一座桥时，感到无比自豪。

开放性材料、非规定性和适应性资源，有利于拓展孩子们的学习体验，鼓励他们发挥想象力、解决问题和进行实验。

小贴士

当孩子们在户外时，他们真正需要的是利用自然资源和廉价或可回收的资源。

资源

以下是一些有关户外区域中可使用的自然资源、廉价资源的建议：

- 将小黑板作为永久性固定装置；
- 用粉笔在水泥地上开展游戏；
- 用结实的硬纸板搭建庇护所；
- 用某种织物（如旧床单）制作帐篷和小屋；
- 用排水槽打造一个水上游乐区；
- 车轮——可以从当地的汽车修理厂免费获取；
- 木板、原木和木块；
- 标牌；
- 用于搭建的箱子和板条箱；

- 悬挂在不同高度的旧光盘；
- 在树之间拉一根结实的绳子，在绳子上挂旧锅碗瓢盆，再用勺子敲打它们进行奏乐；
- 搭建网格架，用于穿线或供藤蔓攀爬；
- 用于盛水的浅托盘；
- 可用于种植的旧雨靴；
- 沿着围栏缠绕软管，在软管两端装上漏斗，把组合物当作电话使用；
- 在塑料饮料瓶里装满不同的物品，将其悬挂在某条横杠上或用其制作九柱戏的球瓶；
- 种类丰富的自然资源，如沙子、水、泥巴、鹅卵石和岩石等；
- 羽毛；
- 贝壳；
- 各种形状和大小的容器；
- 绘画工具；
- 木工、园艺工具。

一个"有利的环境"能让孩子们通过探索、运动和实验自然地发展，如果给予孩子们独立的空间和时间进行实践，那么他们将变得出类拔萃。

第十一章

身体活动创意

孩子们在利用持续性供给物和参与自己主导的游戏时，会自然而然地学习。除此之外，我们还可以通过精心设计的身体活动来强化他们的学习，在给予他们挑战的同时，助力其健康成长。

增强活动效果

在设计活动时考虑以下要点，孩子们会更投入、更享受。
- 激发想象力；
- 采用动感故事和动感童谣；
- 融入动物元素；
- 结合孩子们的兴趣点；
- 借助于音乐鼓励孩子们动起来；
- 使用动作歌曲。

身体教育的基本要素

以下活动有助于发展孩子们的敏捷性、平衡能力、协调性和空间意识。

体操

- 学习跳跃、平衡和移动等基本运动技能；
- 用身体摆出各种形状；
- 使用大型器械；
- 结对练习；
- 组合动作。

音乐与舞蹈动作

- 聆听音乐；
- 做出大幅度和小幅度的动作；
- 做出快速和慢速的动作；
- 组合动作；
- 运用这些动作或其他动作来培养身体意识；
- 学习6种舞蹈基本动作，可以配合儿歌、古典音乐、流行音乐等多种音乐进行练习（舞蹈基本动作详见本章后面的内容）。

竞争与合作游戏

- 团队游戏，可以是竞赛的，也可以是合作的（或者是二者结合的）；
- 以合作为主的小组游戏。

手眼与脚眼协调练习

- 球类技能——投球、接球、踢球、击球等；
- 目标游戏——瞄准、估算、预测。

实用辅助资源

- 动物卡片；
- 音乐播放设备；
- 闪卡；
- 泡沫；
- 故事素材——即兴创作或使用孩子们已经熟悉的故事；
- 技能卡片；
- 基本运动技能。

交叉运动与双侧运动

双侧运动是指在以下情境中，为完成任务，身体两侧同步、独立或交替地进行运动。

- 执行相同的动作：例如扔球时，身体左右两侧的动作需保持一致。
- 执行不同的动作：比如用一只手扔球，用另一只手拿球拍击球，此时身体两侧的动作是不同的。
- 交替使用身体两侧：如跳绳、跑步、爬行或踏步走时，身体两侧须交替做动作。

交叉运动是指用身体的一侧去触及或进入另一侧的空间，这有赖于良好的双侧协调能力。

高水平的双侧协调与交叉运动能力使孩子们的手脚配合得更默契，动作更流畅，同时也为他们的精细运动技能、阅读及书写能力的发展提供助力。

> **小贴士**
>
> 与其追求昂贵的资源投入，不如记住你自身就是孩子们发展过程中不可或缺的重要资源。此外，那些廉价的、用途多样的废旧物品，同样能为孩子们提供丰富的学习和成长机会。

体育课或结构化活动

将其他领域的学习任务纳入计划好的体育课或结构化活动中，能够让孩子们通过有趣的活动进行学习。以下是一些参考：

- 通过计数和数字帮助孩子们掌握数学知识;
- 使用文字和合作游戏提升孩子们的读写能力;
- 借助于互动游戏培养孩子们的社交技能;
- 用动物、国家、不同民族等主题丰富活动内容,让孩子们了解周围的世界;
- 确保所有活动都具备包容性,让孩子们体验成功,培养他们的自信心和自尊心。

> **小贴士**
>
> 在体育课中,每项活动不要持续太长时间,否则孩子们可能会感到无聊或失去兴趣。在大约 45 分钟的课程中,孩子们应参与 5~6 项主要活动,或变式后的其他活动,如热身和放松运动等。

> **小贴士**
>
> 每周设定一个"重点"学习领域会很有帮助。在制订周体育计划或身体发展计划时,将该学习领域纳入其中,并围绕这个领域,为每一天规划一个简短而集中的活动。

纳入教学计划

将身体活动纳入所有其他领域或学科学习的计划中,将使你能够通过积极、有趣的活动,以富有创意的方式帮助孩子们学习。

我的必备资源

创设有效的体育课和成人主导的活动，毋须耗费大量资源。让孩子们有机会在没有资源或设备的情况下玩耍，反而能激发他们的想象力——而且可能是无穷无尽的想象力。有时巧妙运用简单的资源，就能创造出令人兴奋且富有想象力的活动，帮助孩子们学习和成长。以下是我的必备资源。

迷你瑜伽

"迷你瑜伽"资源包内含 20 张卡片，每张卡片都展示了一个简单易学的瑜伽动作。这些卡片色彩缤纷，配有清晰的步骤说明，适用于各个年龄阶段的儿童。即使是没有体育活动组织经验的教师，也可以轻松地使用这些卡片。这些卡片既可以用于放松身心，也可以用于高强度的体育锻炼。我倾向于用 3～4 张卡片创编动感故事，让孩子们按照故事内容进行动作模仿练习。

当然，市面上还有许多其他类似的瑜伽资源可供选择，网络上也有许多儿童瑜伽活动视频可供参考。

迷你运动小达人

"迷你运动小达人"卡片是一套专为儿童设计的动作技能卡片。它涵盖了孩子们早期需要发展的各项基本动作，印有动物图案，能够激发孩子们以不同的方式进行运动。我将这些卡片融入经典的活动中，比如障碍赛、红绿灯游戏和西蒙说（一种指令游戏）等，同时挑选其中的一些卡片来创设新颖有趣的活动。

此外，你还可以参考第二章中的"早期的身体技能"和"基本动作技能"，结合自己的创意和图片来制作个性化的卡片。无论是动物卡片还是数字卡片，只要你能想到，都可以尝试制作。为了延长卡片的使用寿命，建议将其塑封，这样你就可以反复使用它们了。

神奇弹力圈

神奇弹力圈和气球、彩带等道具一样，都是我课堂上的得力助手。我不再让孩子们自己找个空地做各种拉伸运动，而是让他们手握弹力圈围成一个圈，这样他们会更专注、更投入，还觉得特别好玩。

音乐

音乐在孩子们的成长过程中起着至关重要的作用。它能鼓励孩子们用各种不同的方式动起来，表达自我，感受快乐。音乐的玩法多种多样，孩子们可以只唱歌，也可以边唱边做动作、自由律动和跳舞。这样的活动既可以由教师主导，也可以由孩子们自己主导；它还可以帮助孩子们从一项活动平稳过渡到另一项活动。我经常在活动开始前播放音乐，让孩子们随音乐律动。这有助于那些精力旺盛的孩子安静下来，使他们更能专注于接下来的结构化活动。

儿童专属音乐

"健康要事教育"（Health Matters Education）出版的音乐CD——《忙碌的小脚丫》（*Busy Feet*）是我钟爱的资源，这张音乐CD不仅收录了许多充满活力、朗朗上口的动作歌曲，还附带一系列关于身体发育和健康饮食的精彩资源、创意以及信息。

古典音乐

古典音乐能帮助孩子们理解声音的质感、音调和节奏，锻炼他们在运动时的听力。

流行音乐

各个年龄段的孩子都会对当下流行的歌曲有所反应。不过，只要孩子们喜欢，许多经典的流行歌曲也能让他们舞动起来。务必要先筛选一下音乐，以免歌曲放到一半时出现令人尴尬的内容。

橡胶小圆片

橡胶小圆片是一种非常多样且实用的教具。它们的应用示例如下。

- 帮助孩子们定位：将橡胶小圆片散放在某一区域，让孩子们站在小圆片上（尽管有时孩子们可能会忍不住移动它们）。
- 鼓励孩子们在整个活动区域内自由移动，这有助于他们提升空间感知能力。除非某项活动要求孩子们围成一个圈，否则应鼓励他们充分利用整个活动区域。将橡胶小圆片散放在地板上的不同位置，要求孩子们在小圆片之间移动（不要踩到小圆片），这有助于他们了解如何充分利用整个活动区域。
- 用于激发想象力的游戏。当孩子们扮演小兔子，在"胡萝卜田"里蹦蹦跳跳地寻找胡萝卜时，这些小圆片就变成了"兔子洞"。一旦"狐狸先生"出现，孩子们就得赶紧跳回这些"兔子洞"里躲起来。在"超级英雄救援"游戏中，这些小圆片可以变成超级能量充电站。在"魔法岩石与巨人"游戏中，它们能充当神奇的魔法岩石。它们甚至能变成让孩子们跳跃着渡过"小河"的荷叶。想一想，这些小圆片还能变成多少种孩子们喜欢的游戏元素。
- 孩子们可以跳上圆片、跳过圆片和绕着圆片跳跃。
- 引导孩子们用身体的不同部位去"藏住"圆片，以感知自己的身体。
- 通过圆片的颜色，帮助孩子们识别和学习颜色。
- 孩子们在跳圆片的同时数1、2、3……，这样就能学会计数。
- 圆片还可以应用于障碍赛中。

沙包

沙包是球的绝佳"替身",玩法多样,可以应用于以下游戏。

- 想象游戏。沙包可以变成需要孩子们合力运到河对岸的"小动物",或者在"小猴摘果果"游戏中,它们可以是"猴子们"需要搜集的"美味水果"。
- 瞄准练习。相较于球,沙包更容易被控制,适合孩子们练习"投准"。
- 身体平衡挑战。让孩子们尝试在身体的各个部位上"稳住"沙包,这样既能锻炼他们的平衡能力,又能提升他们的自我控制能力。
- 身体感知游戏。让孩子们用身体的不同部位来"拥抱"沙包,感受身体的奇妙变化。

标志物

标志物的用处很大,它不仅可以标示孩子们的移动或非移动区域,还能变成:

- 小巧的"手捧碗",让孩子们用小手捧着,然后向上抛沙包,或者在不直接用手的情况下互相投掷沙包;
- 用作瞄准投掷的目标(当孩子们已经能够自信地将物品投进较大的区域时,就可以尝试这个更有趣的挑战)。

锥桶

锥桶的用法与标志物类似。

球

在选择器材时,少不了各式各样的球。这些球大小不一、重量不同、材质各异。我们不仅要教孩子们投球、接球、踢球和击球,还要利用球开展多种多样的游戏。大多数孩子(无须鼓励)在拿到球后就会玩起来。准备不同大小的球，能让所有孩子（无论能力大小）都参与到你的活动中。

球拍

简单的塑料球拍不仅可以用来击球，还可以用来运球。

<h2 style="text-align:center">活 动 集 锦</h2>

我们日常与孩子们一起开展的体育活动，会以不易察觉的方式促进孩子们的学习与发展。本章包含了一些活动创意，这些活动既可以单独进行，也可以应用于体育课。下面的一些活动已经流传已久（因为它们非常有效），另一些活动则是新开发的。

在差异化教学的基础上，我们可以根据所照顾孩子的年龄和发展水平对每项活动进行简化，或者进行难度升级。下面的这些活动适用于不同能力水平的孩子，也适用于具有特殊教育需求的孩子。

 动感字母

在宽敞的地方，可以通过做出以下动作或者自创动作，来逐一演绎字母表中的字母。

材料

音乐、球、"迷你瑜伽"卡片（或发挥你的想象力）。

- A——手臂动作
- B——平衡练习
- C——扮猫咪（用"迷你瑜伽"卡片提示动作）
- D——跳舞

- E——扮大象（参考"迷你瑜伽"卡片或模仿大象的动作）
- F——学青蛙跳（参考"迷你瑜伽"卡片或模仿青蛙跳跃）
- G——扮大猩猩（参考"迷你瑜伽"卡片或模仿大猩猩的动作）
- H——单脚跳
- I——穿梭游戏（在伙伴或障碍物之间灵活穿梭）
- J——跳跃
- K——踢（球）
- L——腾跃，或模仿狮子跳跃
- M——扮山丘（参考"迷你瑜伽"卡片或模仿山丘矗立）或走行军步
- N——点头示意
- O——扮猫头鹰（在四周飞翔）
- P——指挥方向（向左指、向右指、向上指、向下指……）
- Q——快速做动作
- R——摇摆（参考"迷你瑜伽"卡片做动作）
- S——跳绳
- T——踮起脚尖走
- U——向上生长（想象自己从小种子长成高高的花朵）
- V——蔬菜变形记（像胡萝卜一样站得高高的或像土豆一样变得圆圆的）
- W——像战士一样站立
- X——双脚交叉站（X像个小叉子，试试双脚交叉站，看看能否保持平衡）
- Y——瑜伽小达人（参考"迷你瑜伽"卡片做动作）
- Z——像斑马一样奔跑

我们就这样一边玩一边学,每个字母都充满了乐趣。

益处

这个活动有助于儿童的大肌肉运动技能、空间意识、语言、沟通及思维能力的提升。

本活动涵盖的学习领域

- 表现艺术、设计思维与创造力的发展
- 对世界的认知与理解
- 语言、读写与交流能力
- 个性与社会情感发展

动感骰子

材料

带有透明口袋的动感骰子、纸张(大小适合放入口袋);蜡笔、铅笔等标记工具;动作图片,技能图片,印有数字、水果、动物的图片。

开始时,在每个口袋中放置不同的图片。孩子们轮流投掷或扔骰子。孩子们根据骰子朝上一面口袋中的图片进行表演。

激发孩子们想象力的方法

1. 根据主题和兴趣,给每个孩子一张适合放入骰子口袋的纸张和标记工具。
2. 向孩子们展示龙腾飞、仙女踮脚跳跃、海盗弯腰捡宝藏等图片。
3. 向他们展示与图片动作相对应的字词,例如"跑""跳""弯腰"。

4. 提问"你能在纸上写出动作词吗?",并支持他们写下动作词。

5. 一旦孩子们写完,就将这些纸张放入动感骰子的口袋中。

6. 扔骰子,当它落地时,让孩子们模仿骰子朝上一面口袋中的图片做动作。

7. 用"现在我们要像龙一样腾飞"等语句,引导孩子们做动作。

益处

这个活动有助于发展孩子们的大肌肉运动技能、精细运动技能、空间意识和平衡能力,并帮助其发挥想象力。

本活动涵盖的学习领域

- 表现艺术、设计思维与创造力的发展
- 对世界的认知与理解
- 语言、读写与交流能力
- 数学与计算
- 个性与社会情感发展
- 精神、道德、社会和文化的发展

动感故事

在创作故事之前,应该先确定相关的动作技能和主题(例如,丛林中的动物、去超市购物、太空旅行等),在创作时应牢记以下几点:

- 重点在于动作,故事可以设计得很简单,不过要尽量设计一些情节;
- 年龄稍大的孩子可以参与故事的创作,比如决定选择哪种动物,在超市里想买什么等；
- 可以将身体技能和动作融入任何故事中；
- 可以根据孩子们关注且喜爱的任何故事来创作。

创编故事

可以根据任何情境进行故事创编，例如：

- 日常活动——开车、洗车、购物
- 冒险活动——丛林度假、海底探险
- 情绪表达
- 超级英雄
- 去农场

动作的可能性是无穷无尽的，以下是一些示例。

在开车游戏中，孩子们可以：

- 掌握方向盘；
- 用雨刮器擦拭挡风玻璃；
- 在路上的小土堆上颠簸行驶；
- 在平坦顺畅的道路上行驶；
- 在崎岖不平的道路上行驶；
- 紧急刹车，车发出刺耳的声音；
- 向左转、向右转；
- 绕环岛行驶；
- 在红绿灯处停车、等待、通行；
- 打开车灯；
- 使用转向灯。

在农场里，孩子们可以：

- 像马一样狂奔；
- 驾驶拖拉机；
- 像小猪一样在泥地里打滚；
- 被公牛追赶；
- 尝试抓小鸡；
- 收集鸡蛋；
- 从干草堆上跳下来；
- 像田野里的小羊一样跳跃。

在丛林中，孩子们可以：

- 像熊一样咆哮；
- 像调皮的猴子一样跳跃；
- 像树懒一样爬树；
- 像蝴蝶一样飞翔；
- 像蛇一样蜿蜒前行；
- 在树枝下弯腰或蹲下；
- 跳过小溪和木桩；
- 被老虎追赶；
- 拍打蚊子；
- 踮起脚尖，悄悄地从熟睡的大象身边溜走。

森林中的乐趣

运用动作技能创造一场森林探险活动，鼓励孩子们以不同的方式移动。可以定期开展森林探险活动，在其中融入不同的技能（如弯腰、奔跑、跳跃、扭动），并向孩子们做出以下说明。

- 今天天气真好,我们要去森林里探险。
- 如果遇到水流,我们就跳过去。
- 如果前面有小山丘,我们就先跑上去,再跑下来。
- 如果发现自己被困在荆棘丛中,我们就扭动身体寻找出路。
- 如果需要从树下经过,我们就弯下腰。

在"森林"中行进时,假装遇到"树木""溪流""山丘"或"荆棘丛",看看孩子们是否记得该怎么做。

可以通过提出以下问题,鼓励孩子们创作自己的故事,以此来培养他们的想象力和独立性。

- 在你的故事里,你想讲些什么(你的兴趣点是什么)?
- 在你的故事里,你要扮演什么样的角色?
- 故事发生在哪里?
- 你要去哪里?
- 你要做什么或找什么?
- 为什么?
- 你能画出你的故事吗?如果可以,把你的故事写下来。

定期重复讲述这些动感故事,并稍作改动。例如,将"飞奔"改为"旋转",即"每当风吹过森林时,孩子们就要旋转起来"。此外,可以发挥创意,为故事添加道具。

益处

这个活动有助于孩子们的大肌肉运动技能、独立性、想象力、创造性思维和精细运动技能(绘画和书写)以及其他学习领域的发展。

本活动涵盖的学习领域

- 表现艺术、设计思维与创造力的发展
- 对世界的认知与理解
- 语言、读写与交流能力
- 数学与计算
- 个性与社会情感发展
- 精神、道德、社会和文化的发展

瞄准与得分

材料

沙包、呼啦圈。

说明

1. 将孩子们分成几个小组，让他们在起跑线后排队站好。
2. 在每组前面的起跑线不远处放置一个呼啦圈。
3. 在起跑线上放置与小组人数相同的沙包。
4. 听到"开始"的指令后，每个队伍最前面的孩子应尝试将沙包扔进他们的呼啦圈中。
5. 排在最前面的孩子随后移到队伍末尾，下一个孩子走到起跑线上，捡起一个沙包并尝试将其扔进呼啦圈中。
6. 小组中的每个孩子轮流尝试将沙包扔进呼啦圈中。
7. 每成功将一个沙包扔进呼啦圈即可得1分。
8. 思考一下：孩子们如何记录自己的分数？
9. 接下来，在每队前方放置3个呼啦圈——分别位于近处、中远处和远处。

10. 每个孩子轮流尝试将沙包扔进其中一个呼啦圈中。

得分规则

- 将沙包扔进近处的呼啦圈，得 1 分；
- 将沙包扔进中远处的呼啦圈，得 2 分；
- 将沙包扔进远处的呼啦圈，得 3 分。

这不一定以小组比赛的形式进行。它有助于孩子们开展合作游戏、学习记分和数字。

益处

这个活动有助于培养孩子们的投掷和瞄准技能。同时，它还能支持数学和社会技能等其他学习领域的发展，培养孩子们的手眼协调、空间意识、轮流意识和问题解决能力。

本活动涵盖的学习领域

- 数学与计算
- 个性与社会情感发展
- 精神、道德、社会和文化的发展

 动物障碍赛

说明

设置各种障碍赛赛道，鼓励孩子们以不同的方式移动身体，如投

掷、接球、踢球、攀爬障碍物、穿过隧道或在器械下爬行。

鼓励孩子们尝试不同的动作和技能,如绕着锥桶跑,从一个点跳到另一个点,用身体的不同部位夹带沙包,以及从一个地方双脚交替跳到另一个地方。

让孩子们挑战以不同的方式行进,如走、跑、单脚跳、双脚跳、倒退走等。

让孩子们在软垫上尝试翻滚、滑行和爬行等。

在赛道的不同区域放置动物图片,以鼓励孩子们模仿动物的动作进行移动。

这种富有想象力的设置会让活动变得有趣且令人兴奋,吸引孩子们积极参与。

鼓励孩子们创造自己的赛道,并与其他小朋友分享。

赛道中可以包含攀爬、荡秋千和悬挂等活动,有助于锻炼孩子们的上肢力量。

巧妙融入一些精细运动技能练习,如在沙坑里挖沙、用夹子将绒球放进容器或串珠子等。这对于那些难以静坐进行精细运动的孩子而言非常有益。

当孩子们能够熟练开展其他游戏后,可以将它们与障碍赛结合起来,设置新的障碍赛活动,例如沙包接力赛(将沙包投入容器中)、双脚跳和单脚跳活动、走独木桥等保持平衡的活动。

益处

这个活动能够发展孩子们的大肌肉运动技能、精细运动技能、平衡能力、协调性、空间意识、敏捷性、对运动路径的认知以及手眼协调能力。

本活动涵盖的学习领域

- 表现艺术、设计思维与创造力的发展
- 对世界的认知与理解

停球游戏

说明

给每个孩子发一个球,指导他们滚球并追球,随后喊出一个身体部位,孩子们需要用该部位将球停下。或者,让孩子们各自结对,一个孩子滚球,另一个孩子追球,随后喊出一个身体部位,追球的孩子需要用该部位将球停下。

益处

这个活动能够发展孩子们的大肌肉运动技能、精细运动技能、平衡能力、协调性、空间意识、敏捷性、对运动路径的认知以及手眼协调能力。

本活动涵盖的学习领域

- 表现艺术、设计思维与创造力的发展
- 对世界的认知与理解
- 语言、读写与交流能力
- 数学与计算
- 个性与社会情感发展

 **沙包接力赛**

说明

1. 将沙包（与幼儿人数相等）散放在开阔的地方。
2. 将孩子们分成几个小组。
3. 给每个小组发一个容器。
4. 向孩子们说明，每组需要在起跑线后站成一列。
5. 当听到"开始"的口令后，每队最前面的孩子跑到沙包处并将其捡起。
6. 然后跑回本队，将沙包放进本组的容器里。
7. 放好沙包后，下一个孩子出发。
8. 沙包被捡完后，游戏结束。
9. 等孩子们熟练掌握这个游戏后，可以给每个人分配不同的动作，例如，每队第一个孩子单脚跳前进，第二个孩子双脚跳前进。
10. 如果小组内有特殊儿童，那么就需要给其所在队伍分配他们能胜任的动作。
11. 让等待的孩子在原地练习被分配的动作，这样正在捡沙包的孩子和原地等待的孩子就能练习相同的动作。
12. 该游戏的目的不是分出胜负，而是计算孩子们把所有沙包都收集起来需要多少时间。
13. 可以用小物件代替沙包，把它们放在地板上，以帮助锻炼孩子们的精细运动技能。

益处

这个活动有利于锻炼孩子们的大肌肉运动技能、精细运动技能、空间感知能力、敏捷性，让孩子们活跃起来，并教会他们轮流和协作。

本活动涵盖的学习领域

- 个性与社会情感发展
- 数学与计算
- 精神、道德、社会和文化的发展

头肩膝脚趾碰碰碰

说明

孩子们站立着,根据儿歌的歌词触碰对应的身体部位,在熟练掌握这些动作后,还可以尝试坐着抬起脚做动作。

坐在地板上,收紧腹部,将双脚抬离地面。

根据歌词触碰对应的身体部位,同时保持臀部接触地面。

另外,还可以尝试倒序做动作。

益处

这个活动有助于发展孩子们的核心力量、平衡能力、身体意识、听力以及沟通能力。

本活动涵盖的学习领域

- 表现艺术、设计思维与创造力的发展
- 对世界的认知与理解
- 语言、读写与交流能力

动感童谣

说明

选择一首童谣。为该童谣设计幅度大的、充满活力的动作。动作的幅度越大,孩子们消耗的能量也就越多。年龄较大的孩子可以帮助设计新动作。

益处

这个活动能支持孩子们的大肌肉运动技能、探索能力、想象力、空间感知能力的发展,并且有助于调动那些不愿意参加身体活动的孩子的积极性。

本活动涵盖的学习领域

- 表现艺术、设计思维与创造力的发展
- 语言、读写与交流能力
- 个性与社会情感发展
- 精神、道德、社会和文化的发展

猫咪与兔子

说明

1. 将孩子们分成两组,一组扮演猫咪,另一组扮演兔子。
2. 听到指令后,"猫咪"们用四肢爬行,追赶在区域内跳跃的"兔子"们。
3. 再次听到指令后,"猫咪"与"兔子"角色互换。

4. 可以用其他动物来代替猫咪和兔子。

益处

这个活动能发展孩子们的大肌肉运动技能、精细运动技能、平衡能力、协调性以及空间感知能力。

本活动涵盖的学习领域

- 表现艺术、设计思维与创造力的发展
- 语言、读写与交流能力
- 对世界的认知与理解
- 精神、道德、社会和文化的发展

接球乐

材料

A3 卡纸、马克笔、剪刀、胶带、软球。

说明

1. 给每个孩子分发一张卡纸和一把剪刀。
2. 从卡纸的两个角沿对角线向中心画线,形成一个可以折成锥形的三角形。
3. 协助孩子们沿线剪开卡纸。
4. 孩子们可以用马克笔装饰自己的卡纸。
5. 让孩子们在卡纸上写自己的名字。
6. 将卡纸的两个边粘在一起,做成一个锥形纸筒。

7. 孩子们双手持锥形纸筒，开口向上。

8. 在锥形纸筒内放置一个轻巧的小球（如球池中的球）。

9. 向孩子们展示如何用锥形纸筒向上抛球，然后试着用锥形纸筒接住它。

10. 一旦孩子们开始自信地独自抛球和接球，就让他们两两配对。

11. 一个孩子手持锥形纸筒，另一个孩子抛球。

12. 有球的孩子抛球，其他孩子尝试用锥形纸筒接住球。

13. 如此反复，直到他们成功接住球。

14. 然后交换抛球者和接球者的角色。

15. 如果孩子们觉得困难，就为他们配一位能帮忙引导抛球和接球的成人。

益处

这个活动有助于培养孩子们的大肌肉运动技能和精细运动技能、抛接技能、手眼协调能力、平衡能力、空间意识以及问题解决能力，还有助于孩子们发展接球技能，使他们更容易用手接住大球。

本活动涵盖的学习领域

- 表现艺术、设计思维与创造力的发展
- 对世界的认知与理解
- 语言、读写与交流能力
- 数学与计算
- 个性与社会情感发展
- 精神、道德、社会和文化的发展

颜色游戏

说明

先根据交通信号灯的颜色设计动作：红色代表停止，绿色代表通行，黄色代表原地跳跃。当看到"红色"时，孩子们至少静止站立 10 秒钟（这有助于培养他们的平衡能力）。可以增加代表其他动作的颜色，例如：紫色可以代表单脚跳，蓝色可以代表跑。为了进一步锻炼平衡能力，当听到"红色"提示时，可以让孩子们单脚站立。另外，孩子们还可以选择自己喜欢的颜色和动作。

益处

这个活动有助于培养孩子们的大肌肉运动技能、想象力和空间意识，并鼓励那些不愿意参加身体活动的孩子参与进来。长时间静止站立，有助于锻炼孩子们的平衡能力，增强他们的肌肉力量。

本活动涵盖的学习领域

- 表现艺术、设计思维与创造力的发展
- 对世界的认知与理解
- 语言、读写与交流能力
- 精神、道德、社会和文化的发展

神奇弹力圈

材料

4 米长的弹力绳制作而成的弹力圈。

活动

❖ 活动一

每组最多 10 个孩子。

1. 所有孩子站成一个圈，双手握住弹力圈。

2. 向后退一步。

3. 向前进一步。

4. 向左移动。

5. 向右移动。

6. 举起双手向上伸展，将弹力圈高高举在空中。

7. 蹲下并将弹力圈放在地上。

8. 站起来。

9. 跨过弹力圈，进入圈内。

10. 爬过弹力圈，进入圈内。

11. 坐下来并用脚钩住弹力圈（尽可能不要用手和膝盖撑地来辅助坐下）。

12. 将双脚抬起离地。

13. 站起来（如果可能的话，不要用手和膝盖撑地来辅助站起）。

14. 用手肘钩住弹力圈，思考其他可以用身体部位钩住弹力圈的方法。

15. 用弹力圈摆出形状，如正方形、三角形、长方形等。

16. 你还能想到其他玩法吗？

❖ 活动二

两个孩子面对面站立，相距约 2 米，双手各执弹力圈的一端。将弹力圈拉紧，但不至于过紧（孩子们仍能轻松移动弹力圈）。

其余孩子站成一列，面向弹力圈的中部。

以下是孩子们从弹力圈的一侧移动到另一侧的方法：

- 从弹力圈上方跨过；
- 从弹力圈下方穿过；
- 从弹力圈中间穿过；
- 绕弹力圈而行；
- 在弹力圈外侧移动；
- 在弹力圈内侧移动；
- 从弹力圈上方斜跨而过；
- 从弹力圈下方斜穿而过；
- 从弹力圈上方跳过；
- 在弹力圈下方蹲下穿行；
- 站在弹力圈中间，先左转再右转；
- 让孩子们自由结对，互相协助从弹力圈上方、下方或中间穿过；
- 让每对孩子手拉手，一起在弹力圈上方、下方或中间移动；
- 你还能想出其他从弹力圈的一侧移动到另一侧的方法吗？

益处

这个活动能够促进孩子们的大肌肉运动技能、精细运动技能、平衡能力、协调性、空间感知能力的发展，还能支持其数学、语言与交流等其他学习领域的发展，同时有助于他们集中注意力，提升倾听能力。

本活动涵盖的学习领域

- 语言、读写与交流能力
- 数学与计算
- 个性与社会情感发展

 飞行物

说明

1. 在一个宽敞的空间里,画出一条线让孩子们站在线后,然后以 1 米为间隔画出更多的平行线。
2. 将孩子们分成人数相等的小组(每组大约 10 人)。
3. 为孩子们提供多种不易损坏的材料和玩具。
4. 第一组的每个孩子挑选一个物品作为自己的"飞行物",然后站在线后。
5. 数到 3 时,孩子们应尽力将"飞行物"扔得远远的。
6. 记录下每个"飞行物"被扔出的距离。
7. 其他小组使用相同的"飞行物"重复进行游戏。

引导孩子们讨论以下问题

- 在投掷时,哪个物体飞得最远?
- 哪个物体大多数时候都能飞得很远?
- 哪个物体飞得最近?
- 哪个物体最重?
- 最重的物体飞了多远?
- 哪个物体最轻、最大、最小、形状最奇特……?
- 每个物体分别飞了多远?
- 每个孩子投掷的距离有何异同?

益处

这个活动有助于孩子们发展大肌肉运动技能(投掷)、数学、测量、分类、比较与对照以及轮流参与等能力。

本活动涵盖的学习领域

- 数学与计算
- 语言、读写与交流能力
- 表现艺术、设计思维与创造力的发展
- 对世界的认知与理解

 字母跑圈

材料

写有字母的卡片（根据孩子们的年龄和能力来选择）。

说明

1. 在户外或室内的宽敞区域，给每个孩子分发一张卡片（确保两个孩子卡片上的字母相同）。
2. 孩子们围坐成一个圆圈。
3. 教师喊出一个字母。
4. 持有该字母卡片的孩子需要绕着圆圈跑一圈，然后回到自己原来的位置上坐下。
5. 当所有孩子都轮过后，可以增加游戏难度，比如改为绕着圆圈单脚跳，而不是跑。
6. 如果孩子们年龄较大，可以换种玩法，如轮流让他们喊出一个与自己卡片上不同的字母。

益处

这个活动有助于促进孩子们大肌肉运动技能和精细运动技能的发

展，提升字母或声音的识别能力、思维能力、记忆能力、空间意识以及合作游戏的能力。

本活动涵盖的学习领域
- 对世界的认知与理解
- 语言、读写与交流能力
- 个性与社会情感发展

魔法岩石与巨人（藏点游戏）

材料

每个孩子和成人各占一个点（标记）。

说明

分散设置点，确保孩子们有足够的空间在点之间移动。

让孩子们站在某个点上，并做出以下指示。

- 用脚藏起点——站在点上。
- 用膝盖藏起点——跪在点上。
- 用屁股藏起点——坐在点上。
- 用手藏起点——把手放在点上。
- 用肚子藏起点——趴在点上。
- 用背藏起点——仰面躺在点上。
- 用下巴藏起点——把下巴放在点上。
- 他们还可以用身体的哪些部位藏起点呢？

接下来,告诉孩子们,这些点是岛上的魔法岩石,然后向他们解释,这些点所代表的魔法岩石需要被保护起来,以防被"巨人"(成人)发现。

孩子们应该以不同的方式(运用身体技能)在魔法岩石之间移动。

当成人喊出一个身体部位时,孩子们需要找到一块魔法岩石,并用这个身体部位把它藏起来,而"巨人"需要试图找到一块魔法岩石。

益处

这个活动有助于提升孩子们的空间意识(身体意识),发展他们的大肌肉运动技能和想象力。

本活动涵盖的学习领域

- 表现艺术、设计思维与创造力的发展
- 语言、读写与交流能力
- 个性与社会情感发展

迷你瑜伽

热身与放松

在进行任何高强度身体活动之前(或之后),都可以单独使用迷你瑜伽中的动作来进行热身或拉伸。这些动作还可以帮助孩子们放松身心,激发他们的想象力。

中强度活动

大多数孤立动作不会大幅度提升心率,然而,它们有助于发展孩子们的运动技能和力量。

动感故事

向孩子们展示一系列动作，供他们练习。一旦孩子们能够熟练地独自完成这些动作，就可以挑选一些动作来创编一个动感故事。用 3~4 个不同的动作来讲述一个故事，在讲述过程中，鼓励孩子们充分利用整个活动区域。如果故事融合了站立、坐着和躺下等多种姿势，那么孩子们的心率就很有可能上升。

动感字母

利用字母卡片，向孩子们展示以英文字母开头的动作。

让孩子们用身体拼写出自己的名字。

询问孩子们会不会写自己的名字。

询问他们能不能用迷你瑜伽的动作来拼写自己的名字。例如，S 代表蛇（Snake），A 代表飞机（Aeroplane），M 代表山（Mountain），合起来就是 SAM（萨姆）。

如果孩子们的名字中有某个字母没有对应的动作，就建议他们自己创造一个动作，或者借助于字母卡片来了解应该做什么动作。

益处

这个活动有助于促进孩子们的大肌肉运动技能、精细运动技能、平衡能力、独立性和想象力的发展。

本活动涵盖的学习领域

- 表现艺术、设计思维与创造力的发展
- 对世界的认知与理解

- 语言、读写与交流能力
- 个性与社会情感发展
- 精神、道德、社会和文化的发展

 **小猴摘果果**

材料

每组分配3个球，或2个沙包和1个球，用来充当水果。

说明

将孩子们进行分组，每组最多6人。

每组孩子需要肩并肩站成一排。

对孩子们说："我们假装自己是正在采摘水果的猴子。"

1. 起初，孩子们可以随意选择用某种方式互相传递球或沙包。
2. 接着加大难度，各组仅用右手传递球或沙包（如果孩子们还在学习区分左右手，就可以在他们的右手上做记号或为其贴上贴纸）。
3. 排尾的孩子扔掉"水果"（球或沙包）并大喊"猴子出发"后，排头的孩子才可以传递下一个"水果"。
4. 重复传递球或沙包，但这次改用左手传递。
5. 重复步骤3。
6. 接着让孩子们侧向传球，他们可以用单手或双手接球。
7. 如果"水果"掉落，则必须将其放回队伍起点，并重新开始传递。
8. 当所有"水果"都传递完毕，全组孩子应假装自己是猴子，发出猴子的叫声。

益处

这个活动可以培养孩子们的协调性、社交技能、合作游戏能力、倾听能力、空间意识以及轮流意识。

本活动涵盖的学习领域

- 表现艺术、设计思维与创造力的发展
- 对世界的认知与理解
- 语言、读写与交流能力
- 个性与社会情感发展
- 精神、道德、社会和文化的发展

随音乐律动

利用音乐促进孩子们身体发展并鼓励其动起来的方式多种多样,包括:

- 随音乐自由舞动;
- 根据音乐的节奏快慢,调整动作速度;
- 根据音乐的高低起伏,调整动作幅度;
- 以不同的力度舞动,例如随音乐跺脚和踮脚;
- 舞动某个身体部位——在随音乐舞动的同时,单独活动身体的某个部位;
- 随音乐律动的道具——给孩子们提供一些道具,让他们边听音乐边挥舞道具;
- 随音乐创编故事;
- 运用舞蹈基本动作来编排舞蹈。

六个舞蹈基本动作

- 跳跃——原地跳跃或移动跳跃
- 手势变换——向前、向后、向上或向下、左右摆动
- 静止——站立、下蹲、弯腰、坐着、躺下等
- 转身——绕大圈转、自转、单向转、双向转等
- 移动——快速移动、慢速移动、后退、前进、上下移动等
- 倒下——快速倒下、慢速倒下、用手支撑倒下、臀部着地倒下等

益处

孩子们需要培养良好的空间意识与协调性，才能完成舞蹈动作，并跟着音乐进行集体律动。这有助于他们掌握多种基础技能（如越过身体的中线），促进其平衡能力以及大脑的发育。

音乐雕像冠军

说明

1. 播放孩子们喜欢的音乐。
2. 让孩子们在场地内以他们想要的方式移动，避免撞到彼此。
3. 关闭音乐——孩子们应该停下来并保持静止（保持静止的时间越长越好，年幼的孩子需要学习如何控制他们的身体以保持静止）。
4. 能够保持静止的孩子将成为"雕像冠军"。

进阶玩法

- 孩子们以本周所学的各种技能和方式，在场地内四处活动。

- 孩子们停下来时不许笑（因为活动很有趣，所以他们可能想笑）。
- 当音乐停止时，孩子们要停下来，单脚站立，或单脚单手支撑着地，或只用臀部着地，不许用其他部位辅助。

❖ **双人玩法**

让孩子们结对，并将"雕像"的角色分配给某个孩子，将"冠军"的角色分配给另一个孩子。当音乐响起时，"雕像"保持静止，而"冠军"在场地内移动。当音乐停止时，"冠军"必须找到"雕像"并触摸他们。一旦他们触摸了"雕像"，他们就变成了"雕像"，而被触摸的"雕像"则成了"冠军"（改变角色）。音乐响起后，新的"雕像"保持静止，新的"冠军"在场地内移动，并重复上述过程。

益处

这个活动能发展孩子们的大肌肉运动技能、平衡能力、协调性、空间意识、身体控制能力、想象力、沟通能力、专注力和倾听能力。

本活动涵盖的学习领域

- 表现艺术、设计思维与创造力的发展
- 个性与社会情感发展

羽毛飞舞

说明

1. 请孩子们想象自己拿着一个装满透明羽毛的袋子。让他们尽力把羽毛往高处扔。

2. 假装羽毛在房间里四处飘浮,我们看不见它们,但能感受到它们。

3. 播放轻柔的音乐,让孩子们随音乐移动身体的某些部位,假装透明的羽毛正落在他们身上。

4. 演示当羽毛落在你身上的某个部位时,你移动那个部位的方式。

5. 探索身体各部位不同的移动方式。

6. 让孩子们保持全身静止,只移动选定的身体部位,来完善自己的动作。

7. 接下来,让他们同时移动两个身体部位。

8. 一旦他们能做到这一点,就请他们随音乐律动。当你喊出某个身体部位时,他们既要跟着音乐律动,同时还要移动那个被喊出的身体部位。

9. 当所有的透明羽毛落到地上后,让他们假装手里拿着扫帚。

10. 让他们随着音乐的节奏把这些透明羽毛扫走。

11. 这个游戏可以配合节奏更快或更慢的音乐重复进行。

益处

这个活动有助于发展孩子们的大肌肉运动技能、平衡能力、协调性、空间意识、身体意识、想象力、沟通能力和倾听能力。

本活动涵盖的学习领域

- 表现艺术、设计思维与创造力的发展
- 语言、读写与交流能力

随音而动

说明

1. 选用那些能变换节奏、速度、音量的音乐,古典音乐是个不错的选择。孩子们一开始可以在场地内随心所欲地移动,但要避免彼此碰撞以及撞到其他物品。

2. 接下来,告诉孩子们,音乐会有快有慢,当音乐变化时,要随之改变移动速度。这将有助于他们了解音乐的节奏。

3. 一旦他们能够自信地随音乐节奏移动,就可以为不同乐器发出的声音分配不同的动作。例如:当音乐听起来轻盈飘逸时,踮起脚尖移动;当音乐充满低音或鼓点时,就四处跺脚。

益处

这个活动有助于发展孩子们的大肌肉运动技能、平衡能力、协调性、空间意识、身体意识、想象力、学习能力以及倾听能力。

本活动涵盖的学习领域

- 表现艺术、设计思维与创造力的发展
- 数学与计算
- 语言、读写与交流能力

彩带舞

材料

可以使用彩带或其他既有资源,让孩子们自己动手制作,这将有助于他们大肌肉运动技能和精细运动技能的发展。

自制材料需要：

- 卷边彩带
- 宽大的弹力带
- 剪刀

说明

剪下长条的卷边彩带（多种颜色）。

将3~4根彩带对折，然后固定在弹力带上（确保弹力带能宽松地套在孩子们的手腕上）。

鼓励孩子们在场地内移动，同时挥动手臂，让彩带随之舞动。

鼓励他们这样挥动手臂：

- 前后挥动；
- 由内侧向外侧挥动；
- 从一边向另一边挥动；
- 逆时针画圈挥动；
- 顺时针画圈挥动。

益处

这个活动有助于发展孩子们的肩部肌肉、大肌肉运动技能、精细运动技能、协调性以及空间意识和身体意识。

本活动涵盖的学习领域

- 表现艺术、设计思维与创造力的发展
- 语言、读写与交流能力

 **叙事性舞蹈**

结合当前的热门话题,为音乐编排出简单的动作,这些动作可以串联成一个非常简单的音乐故事。

案例

❖ **龙与仙女**

随着音乐的不同部分,模仿龙、仙女、树木和天空。故事梗概:一位仙女在森林中飞舞,看到了一条正在喷火的龙。她躲在一棵树后观察。龙发现了她,于是她飞向了天空。龙想知道她是谁,好奇地跟了上去。他们飞到了高空,开始绕着圈、上下腾飞地玩耍。

❖ **海底世界**

让孩子们想一想在海底会发现什么。故事梗概:我们都是在海里游动的小鱼。我们游到了海草旁,这些海草随着水流以不同的方式摇曳着。接着,我们遇到了一条鲨鱼,它正气势汹汹地朝我们游来,我们迅速游开,然后看到一只在海底缓慢移动的海星等。

益处

这个活动可以促进孩子们的平衡能力、空间意识、协调性、大肌肉运动技能、身体意识、沟通能力、语言和倾听能力的发展。

本活动涵盖的学习领域

- 表现艺术、设计思维与创造力的发展
- 对世界的认知与理解
- 语言、读写与交流能力

- 个性与社会情感发展
- 精神、道德、社会和文化的发展

 **音乐小组**

说明

在户外或大型室内区域的地面上画出或标记出大的图形。

播放音乐,并指示孩子们以不同的方式在区域内移动(模仿动物或以特定的方式移动等)。

音乐停止时,孩子们必须移动到某个图形内。

向孩子们提出问题,例如:

- 你们小组有多少人?你是如何知道的?
- 你们小组的人数比旁边的小组多还是少?
- 你们小组有多少只手?
- 你们小组有多少个女孩,多少个男孩?
- 我们怎样才能让每个小组的人数保持一样?你们当中是否有人需要移动到另一个小组?我们该如何做到这一点?

在每次提问后,继续播放音乐,孩子们需要用与之前不同的方式移动。

再次让音乐停下来,孩子们移动到某个图形内。

提出另一个问题。

重复以上步骤。

益处

这个活动能发展孩子们的大肌肉运动技能、空间意识、社交技能、数学能力、合作能力和问题解决能力。

本活动涵盖的学习领域

- 表现艺术、设计思维与创造力的发展
- 对世界的认知与理解
- 语言、读写与交流能力
- 个性与社会情感发展
- 数学与计算
- 精神、道德、社会和文化的发展

数字圆圈

说明

在一个宽敞的房间或户外空间,将"迷你运动小达人"卡片(卡片一面印有数字1—10,另一面印有动物图案)的数字面朝上,呈圆圈状摆放在场地边缘。

所有孩子都要站在数字卡片里面。

播放孩子们喜欢跟着做动作的音乐。

教师喊出一个数字。

孩子们要跑到那个数字对应的卡片旁。

孩子们要识别出卡片背面的动物,并模仿该动物,随着音乐做动作。

重复以上步骤。

当孩子们觉得这个游戏很简单时，教师可以提出问题，其中某张数字卡片上的数字将是问题的答案。让孩子们跑到他们认为是正确答案的那张卡片旁。不过，这个游戏对 3 岁儿童而言，可能有点难。

问题示例：

- 6 和 8 之间是哪个数字？
- 哪些数字比 3 小？
- 2 加 2 等于几？
- 你有几根手指？
- 这里有几个女孩？

让孩子们解释为什么选择某个数字作为答案。

益处

这个活动有助于培养孩子们的大肌肉运动技能、空间意识、数学能力、问题解决能力和社交技能。

本活动涵盖的学习领域

- 数学与计算
- 个性与社会情感发展
- 语言、读写与交流能力

 **数字寻宝**

说明

使用一面印有数字，另一面印有动物图案的卡片（例如"迷你运动小达人"卡片）。

在户外或大型室内区域为每个孩子隐藏一个数字（数字 1—10，如果人数超过 10 人，就准备多张数字 1—10 的卡片）。

告诉孩子们，数字藏在各个角落，如攀爬设施、灌木丛等。

指导孩子们去寻找某个数字并返回，找到后模仿卡片背面的动物。

当所有孩子都返回后，让他们排成一列。

向他们提出一些适合其年龄的问题，例如：

- 你们能根据数字的大小，从小到大或从大到小排队吗？
- 数字小于 6 的孩子请举手。
- 数字 5 之前是哪个数字？
- 数字 8 之后是哪个数字？
- 最小的数字是哪个？
- 最大的数字是哪个？
- 哪个数字有两个圆圈，或哪个数字有一条直线和一个圆圈？

益处

这个活动有助于发展孩子们的大肌肉运动技能、精细运动技能、数学能力、问题解决能力和社交技能。

本活动涵盖的学习领域

- 数学与计算
- 个性与社会情感发展

数字跑

说明

这个活动最适合在户外或大型室内空间开展。

1. 在你的身边放一个球。
2. 给每个孩子分配一个号码（尽可能将小组人数控制在 10 人以下）。
3. 孩子们需要在空间内奔跑或以不同的方式移动（运用身体技能），当你叫到他们的号码时，他们需要跑向球并踢球。
4. 为他们提供一个大的目标，让他们尝试将球踢向目标。
5. 通过指令让孩子们先停下，然后尝试将球踢向目标。
6. 当每个孩子都轮过后，让他们按照你的指令以不同的方式移动，例如单脚跳、双脚跳或爬行。

进阶玩法

当每个孩子都练习过站立踢球，并且全部或大多数孩子能自信地完成该项运动时，鼓励他们边跑边踢（无须停下）。

益处

这个活动有助于促进孩子们的空间意识、平衡能力、协调性、数学认知、踢球技巧、轮流意识等方面的发展。

本活动涵盖的学习领域

- 数学与计算

 东南西北风

说明

将 A4 纸的一角沿对角线方向折向相对的一边，折成一个三角形。

裁掉正方形外多余的部分（此时剩下一个折好的三角形）。

将三角形的两个底角对折，形成一个小三角形。

展开所有折痕。

将一个角折向中心点，然后重复折对角，接着折另外两个角。

将纸张翻面。

将一个角折向中心点，然后重复折对角，接着折另外两个角。最终你将得到一个小正方形。

将正方形沿中线对折一次，然后展开，再换另一个方向沿中线对折。

再次展开，并将 4 个角拉拢，使其形成一个带有 4 个翻盖的菱形结构。掀起 4 个方形翻盖，将手指放入其中。这样你就可以移动这 4 个部分了。

在 4 个翻盖上分别写上任意 4 种颜色。

将纸张翻面，在翻盖内部按顺序写上 8 个数字，每个三角形上写 1 个。

在数字下方的翻盖内写上 8 条运动指令。

指令示例：

- 碰触脚尖 5 次；
- 单脚站立；
- 跳跃 7 次；
- 双脚各跳 2 次；
- 像小兔子一样跳跃 5 次；

- 像豹子一样跳跃 4 次；
- 像大象一样跺脚 6 次。

在演示完如何操作后，让孩子们结对轮流尝试：一个孩子操作东南西北风游戏道具，另一个孩子选择颜色和数字，然后根据指令做出相应的动作。

差异化教学建议

这对孩子们而言太复杂，他们一般难以自行完成，你可以事先折好一个游戏道具，然后让所有孩子跟着你的指令操作（或者让一个孩子当"领头人"，操作游戏道具，其余孩子根据结果进行表演）。尽可能多做几个游戏道具，让孩子们能够在上面写字。该游戏道具体积很小，如果孩子们要在上面写字，你需要为其提供帮助。

益处

这个活动有助于发展孩子们的精细运动技能和大肌肉运动技能、社交技能、数学能力和读写能力。

本活动涵盖的学习领域

- 表现艺术、设计思维与创造力的发展
- 语言、读写与交流能力
- 数学与计算
- 个性与社会情感发展

 道具模仿

材料

气球、铝箔纸、橡皮泥或其他可塑材料。

说明

在这个活动中,孩子们会模仿你对道具做的动作。

使用气球:

1. 你从上到下拉伸气球——孩子们踮起脚尖向上伸展身体。

2. 你从左到右拉伸气球——孩子们把手臂和腿向两侧伸展。

3. 你把气球揉成一团——孩子们蜷缩成一团。

4. 你吹大气球——孩子们尽可能把自己变得圆圆的、大大的。

5. 你放开气球——孩子们像扭动的气球一样跑来跑去,然后倒在地上。

6. 重复以上所有动作。

7. 你还能使用哪些道具?

益处

这个活动有助于孩子们发展大肌肉运动技能,支持其他领域的学习,培养想象力、空间意识、专注力和倾听能力。

本活动涵盖的学习领域

- 表现艺术、设计思维与创造力的发展
- 语言、读写与交流能力
- 个性与社会情感发展

 **影子游戏**

说明

让孩子们做你的影子,模仿你的每一个动作。以不同的方式(快或慢)移动。

接下来,让孩子们自由结对,模仿彼此的动作。

起初,让孩子们以他们喜欢的任何方式移动。

然后互换角色。

接下来,指示"领头人"以某种特定的方式移动(运用某种身体技能、模仿动物的动作等)。这个"领头人"需要在给定的区域内,按照指定的动作移动,另一个孩子则要模仿"领头人"的动作。

再次互换角色。

这还可以发展成一个"跟我做"游戏,将孩子们分成8~10人的小组,整个小组跟随"领头人"做动作。

益处

这个活动能够发展孩子们的大肌肉运动技能、空间意识、对运动路径的认知、沟通能力和专注力,并教会孩子们模仿他人。

本活动涵盖的学习领域

- 表现艺术、设计思维与创造力的发展
- 语言、读写与交流能力
- 个性与社会情感发展
- 精神、道德、社会和文化的发展

慢动作

说明

放慢动作的速度。

尝试以下慢速活动：

- 上下楼梯；
- 仰卧模拟骑自行车；
- 赛跑（最后一个过线的人获胜）；
- 假装是动物并进行赛跑（最后一个过线的人获胜）；
- 投篮；
- 跳芭蕾舞；
- 空手道踢腿；
- 拳击；
- 跳绳；
- 跳舞。

益处

慢速运动有助于孩子们增强身体技能和提高平衡能力。放慢动作需要更强的肌肉控制能力和更长的肌肉收缩时间。许多缓慢进行的活动可能更具挑战性，要求孩子们拥有更好的平衡感和控制能力，并更加专注于自己所做的事情。

本活动涵盖的学习领域

- 表现艺术、设计思维与创造力的发展
- 对世界的认知与理解
- 语言、读写与交流能力

超级英雄救援

材料

每个孩子占一个圆点标记。

说明

在一块大区域的角落里间隔放置圆点标记,让孩子们能够站在上面。

告诉孩子们:你们将成为超级英雄,去拯救人类和物资。

接下来告诉他们,你扮演的是哪位超级英雄,并询问他们想成为哪位超级英雄。你可以提供一些角色建议,比如蜘蛛侠、超人、拥有强大战斗力的超级战士等。

这些圆点标记就是超级英雄的超能力补充站。

让孩子们各自站在一个圆点标记上,摆出他们的超级英雄姿势。

你可以问:"超级英雄们,有一栋大楼着火了。我们要不要去救人并扑灭大火?"

等他们全都同意后,像超级英雄一样举起一只手臂,引导他们摆出飞行的姿势。

告诉他们跟着你一起跑,直到你决定已经到达那栋"大楼"为止。

爬上"大楼",完成救援并跳下来,然后让孩子们深呼吸3次,用他们的"超能力"吹灭大火。

"干得好,超级英雄们!你们拯救了人类。"

"现在你们需要回去重新补充超能力。"

举起一只手臂,引导孩子们一起"飞"回去,确保告诉他们要跟着你,然后跑回去。

其他想法:阻止两列火车相撞、把汽车从河里拉出来、拯救树上的小猫,也可以让孩子们自己想其他的情境。

你还可以将身体技能融入这项活动中。

益处

这个活动能够发展孩子们的基本动作技能,支持其他领域的学习,发展他们的想象力、空间意识,还能让不愿参与身体活动的孩子参与进来。

本活动涵盖的学习领域

- 表现艺术、设计思维与创造力的发展
- 对世界的认知与理解
- 语言、读写与交流能力
- 个性与社会情感发展
- 精神、道德、社会和文化的发展

小船游戏

说明

坐在地板上,双脚平放在地面上。

收紧腹部,保持背部挺直。

将双手放在臀部后面的地板上。

抬起双脚,使双脚离地(腿放得越低、越直,难度就越大)。

如果可能的话,抬起双手离开地面,并让它们在身体前方伸直。

保持这个姿势一小会儿。

假装你正身处汹涌的大海中,"小船"向一侧倾倒。

设法让"小船"回到正常位置。

"小船"向另一个方向倾倒。

再次努力，使其回到正常位置。

假装划船，来回摆动手臂。

假装把锚扔出船外并靠岸（放下你的手和脚）。

益处

这个活动可以促进孩子们发展平衡能力和核心力量，激发他们的想象力，增强他们的沟通能力。

本活动涵盖的学习领域

- 表现艺术、设计思维与创造力的发展
- 对世界的认知与理解
- 语言、读写与交流能力